IL CINEMA AUSTRALIANO

Raccontato da alcuni dei
suoi protagonisti

Sandra Bordigoni

Copyright © 2024 Sandra Bordigoni

Tutti i diritti riservati

Nessuna parte di questo libro può essere riprodotta o archiviata in un sistema di recupero o trasmessa in qualsiasi forma o con qualsiasi mezzo, elettronico, meccanico, fotocopia, registrazione o altro, senza l'espressa autorizzazione scritta dell'editore.

Copertina disegnata da: Sandra Bordigoni

Per Lori

CONTENTS

Title Page
Copyright
Dedication
Introduzione
Breve storia del cinema australiano dal 1906 al 2000
Jane Campion — 1
Louis Nowra — 5
Noah Taylor — 12
Mark Joffe — 20
Pauline Chan — 26
Hugo Weaving — 36
Russell Crowe — 38
Scott Hicks — 43
Nicholas Hope — 51
Richard Lowenstein — 58
Yahoo Serious — 70
About The Author — 79

INTRODUZIONE

Che cos'è che rende australiano un film? Qual'è la formula alla base dell'australianità di una pellicola? Più che per ogni altra cinematografia è difficile indicare per il cinema australiano dei parametri che lo definiscano in quanto tale e dei confini entro i quali possa essere circoscritto.
Non è il regista e non sono gli attori, ne la storia o l'ambientazione a determinare la nazionalità di un film, tuttavia questi sono tutti
elementi che concorrono allo scopo. Un film come *Dove sognano le formiche verdi,* del regista tedesco Werner Herzog, non è meno australiano di altri film girati da registi nati e cresciuti agli antipodi, e la stessa cosa vale per molti film prodotti ed ambientati negli Stati Uniti ed interpretati da un cast prevalentemente americano, resi così unici dall'impronta di questo o quel regista australiano, come nel caso di *Romeo + Giulietta* di Baz Luhrman, tanto percitarne uno.

L'Australia è un paese multi culturale ed inclusivo, attento a tutto ciò che accade sia vicino che lontano e velocissimo ad appropriarsi di qualsiasi cosa interessante si profili all'orizzonte, l'idea di contaminazione sembra essere una delle costanti del suo cinema e anche delle sue altre espressioni artistiche: mescolanza di generi, di razze, di storie, culture, stili, di tipi di pellicola e così via.

Molti film australiani, soprattutto del passato, raccontano la vastità del territorio e il senso di solitudine che attanagliava i coloni, proponendo un'immagine del West molto diversa da quella dei film americani, dove la frontiera è popolata di piccoli villaggi e carovane di carri.
Il paesaggio diventa dunque quasi un personaggio a se, sullo sfondo del quale l'individuo vede compiersi il proprio destino.
I personaggi sono quasi sempre dei duri e dei solitari, il cui carattere è stato forgiato proprio dall'incontro scontro col territorio aspro e impervio, e anche le eroine sono spesso delle donne forti e indipendenti, esperte in sopravvivenza che sanno cavalcare, affrontare animali pericolosi e combattono contro le incontrollabili forze della natura.
Nel tempo la figura del pioniere individualista, autosufficiente e fedele ai suoi compagni lascia il posto a quella del patriarca, ma poi ecco che torna l'eroe duro e solitario, che veste l'uniforme ed è fedele ai suoi compagni, fiero del proprio paese.
Nonostante in Australia la stragrande maggioranza della popolazione viva nelle città lungo le coste, è l'outback, il territorio interno desertico o di campagna, il protagonista della maggior parte dei film, almeno fino agli anni Ottanta, quando il paesaggio urbanoprende il sopravvento, soprattutto

nei film appartenenti al genere del realismo sociale.
Almeno fino agli anni Settanta, l'australiano si identifica invece molto più col cow-boy o con l'agricoltore che non con l'abitante delle città, e questo mito è rinforzato ampiamente dal
cinema e dalla radio.
Incendi, alluvioni e siccità sono temi comuni al cinema ed eventi ricorrenti con cui è facile identificarsi.
Volendo tentare di tracciare una linea nell'evoluzione e nella mescolanza dei vari generi, potremmo dire che dal film storico e di propaganda dell'inizio si passa in seguito a
storie sempre più australiane, prima epiche e poi di gente comune.

Il vero apice dell'australianità viene raggiunto all'inizio degli anni Settanta con la commedia *ocker* - basata sulle avventure e disavventure di personaggi che incarnano il mito dell'australiano verace e rozzo - che per la prima volta celebra uno degli aspetti più popolari della cultura del paese, fino ad allora considerato volgare e non degno di attenzione artistica.

Quasi contemporaneamente, mentre l'obiettivo di alcuni è puntato sulla celebrazione della grossolanità e del lower-class hero, quello di altri scava invece nel passato (film in costume) per raccontare storie in stile europeo, più sofisticate da un punto di vista estetico e meno provinciali nei tipi e nelle tematiche trattate, come nel caso de *La mia*

*brillante
carriera* e di *Pic Nic ad Hanging Rock*.
Tentando poi di competere con Hollywood si tenta il genere post-apocalittico a basso costo (saga di *Mad Max*) e così via.

Quando,verso la metà degli anni Ottanta si capisce che uno degli errori commessi dall'industria del cinema australiano è quello di illudersi di poter competere con Hollywood, adottandone le formule per cercare di assicurarsi una fetta di mercato a stelle e strisce, ecco che il cinema aussie subisce un'inversione di rotta.
Basta con gli inseguimenti in macchina e le storie a lieto fine adatte a tutta la famiglia, o con i tentativi di fantascienza o di genere fantastico semi abortiti per mancanza di fondi ed effetti speciali che sono un fiasco negli USA e non soddisfano il gusto in patria.
Meglio puntare su un cinema a basso costo ma libero, che racconta storie scomode, spesso inquietanti, che disturbano o che divertono e che non devono preoccuparsi troppo della censura dello Zio Sam.

Umorismo macabro o molto secco, storie non necessariamente organizzate nella struttura in tre atti, celebrazione dello spirito
anti autoritario, mescolanza di generi e stili, senza compromessi e senza smettere di essere fedeli allo spirito ribelle australiano, cominciano a diventare una costante.
Anarchia ed eccentricità sono il nuovo linguaggio

adatto a raccontare il territorio ostile, la natura matrigna, il senso di solitudine e di isolamento, le frustrazioni, ma anche a celebrare
con orgoglio la propria diversità ed unicità, il proprio spirito pionieristico e anti autoritario, l'alienazione urbana, le difficoltà dei rapporti uomo-donna.
Chi fugge dalla città non trova nella campagna un ambiente idilliaco in cui rifugiarsi. Tutt'altro. La terra è arida, difficile da lavorare, o sconvolta da orribili inondazioni.
Ma è nell'avversità che emerge il vero spirito australiano, quello testardo e forte, che non si arrende e non si scoraggia davanti agli ostacoli.
Chi resta in città fa i conti con l'alienazione urbana che solo in televisione conosce un po' di tregua, basti pensare alla soap *Neighbours,* che da decenni propone un'immagine idilliaca e poco realistica della vita nei sobborghi riscuotendo un enorme successo anche all'estero e sulla quale è basata persino la soap italiana *Un posto al sole*.

Storie scomode, incesti, stupri, masturbazione, sesso più o meno esplicito, nudità, relazioni omosessuali, violenza familiare, razzismo, tutto ciò che è troppo scomodo per la TV trova posto sul grande schermo.
Gli australiani si raccontano senza veli e senza pregiudizi, quasi a sfidare anni di perbenismo e bigotteria vittoriana. Il loro cinema non è educativo, ne voieuristico, ne volutamente trasgressivo. Racconta quasi sempre storie comuni e lo fa senza curarsi troppo del suo pubblico.

E' ovvio che, come in qualsiasi altro paese, i filmmaker desiderano aver successo, ma non sono pronti a troppi compromessi per compiacere critici e spettatori benpensanti.
Portano avanti il loro discorso, la loro ricerca personale o di gruppo, e proseguono dritti per la loro strada, raccontando le loro emozioni, la loro cultura, il loro paese. Hanno a disposizione piccoli mezzi e quindi devono avvalersi di grandi idee, ed è proprio questo a fare tutta la differenza.

BREVE STORIA DEL CINEMA AUSTRALIANO DAL 1906 AL 2000

Quando si parla di origini del cinema il nostro pensiero corre subito alla Francia dei fratelli Lumière, oppure ad Hollywood, negli Stati Uniti. Sono in pochi però a sapere che probabilmente il primo lungometraggio della storia è stato realizzato in Australia.
Si tratta di *The Story Of the Kelly Gang,* del 1906, prodotto da due farmacisti - Millard Johnson e W.A. Gibson - e girato dai fratelli John e Charles Tate nella tenuta di questi ultimi alla periferia di Melbourne, con l'aiuto di tutta la famiglia. Quel "probabilmente" è dovuto al fatto che della pellicola, reclamizzata dai suoi realizzatori come "il più lungo film mai girato", ci restano solo alcuni frammenti per un totale di una decina di minuti, ma la maggior parte dei critici sembra concordare sul fatto che si trattasse di un vero lungometraggio di circa 4 mila piedi e la cui durata dovesse quindi aggirarsi attorno ai 70/80 minuti.
Niente male per un paese fondato sul pragmatismo

e schiacciato dal peso di un puritanesimo di stampo vittoriano che relegava il divertimento all'ultimissimo posto.

Ma per gli australiani, soprattutto per quelli dell'inizio delsecolo, il cinema è stato subito qualcosa di più di una semplice forma di intrattenimento. Ostinatamente legati alla cultura britannica, sradicati e lontanissimi dai luoghi e dalle tradizioni "natali", per troppo tempo hanno sofferto più che di ogni altra cosa di un profondo senso di isolamento dovuto alla vastità del
territorio e alla mancanza di una identità nazionale loro propria.
Solo dai primi anni del Novecento, proprio grazie al cinema che racconta storie australiane come quelle dei bushrangers o dei
deportati, mostrando il contrasto tra città e campagna e portando in scena i sentimenti della gente comune, si stabilisce la trama sulla
quale, un po' alla volta, prende forma il concetto di australianità.
Ma *The Story of the Kelly Gang*, che racconta le gesta del "bandito buono" Ned Kelly, trattato ormai alla stregua di un eroe nazionale, è solo uno dei tanti film realizzati in Australia nel primo decennio del secolo, basti pensare che, alla fine degli anni Venti, l'Australia è seconda solo agli Stati Uniti per proporzione di posti al cinema pro capite e che, ad oggi, solo sul bandito Ned Kelly, sono stati realizzati almeno altri dieci film.

È stato James McMahon il primo imprenditore

australiano ad intuire il potenziale commerciale del nuovo media e a sfruttarlo immediatamente aprendo già nel 1894 una sala di proiezioni, il Kinetoscope Parlour, al numero 148 di Pitt Street, a Sydney.

In realtà, in quel tipo di sala i film si potevano guardare solo attraverso sofisticate apparecchiature, i cinetoscopi, che
consentivano la visione ad uno spettatore alla volta. Siamo ancora quindi lontani dal cinema come esperienza collettiva, ma il buio in sala e la catarsi comune sono ormai dietro l'angolo.

È' l'illusionista americano Carl Hertz a proiettare su un "grande" schermo, nell'ambito del suo spettacolo di magia all'Opera House di Melbourne, i primi cortometraggi in pellicola, incantando il pubblico con scene riprese nelle strade di Londra e in altre località della lontana Europa.

Il primo invece a girare un film in Australia è Maurice Sestier, inviato dai fratelli Lumière a "catturare" immagini esotiche con cui ammaliare gli spettatori d'oltre oceano.

A coadiuvarlo nell'impresa è il fotografo australiano Walter Barnett. È la fine del 1896 e la primissima pellicola a venir girata in Australia documenta lo sbarco di alcuni passeggeri dal traghetto a Manly, uno dei più antichi quartieri di Sydney. S'intitola appunto *Passengers Alighting from Ferry 'Brighton' at Manly*, ma purtroppo di esso non è rimasto
nemmeno un fotogramma. Si sa però che viene proiettato il 27 ottobre dello stesso anno al Salon

Lumière di Pitt Street, a Sydney, il primo vero cinema australiano nel senso moderno del termine.
Piuttosto ben conservato è invece un secondo film sempre realizzato da Sestier e Barnett poco più tardi. S'intitola *The Melbourne Cup*, e documenta il noto concorso ippico che si tiene nella capitale dello stato del Victoria ogni primavera.
È' il 3 novembre del 1896.
L'anno seguente, E.J.Thwaites e Robert W.Harvie, due fotografi di Melbourne, girano alcuni cortometraggi nella loro città e nasce così il cinema australiano.

Nel 1899 il fotografo Fred C. Willis viene incaricato dal governo dello stato del Queensland di effettuare delle riprese di luoghi interessanti allo scopo di invogliare altri europei a trasferirsi inAustralia. Questi film vengono poi proiettati per il pubblico della Grande Esposizione Universale che si tiene a a Londra all'inizio del secolo, e rappresentano il primo caso al mondo di film commissionati e finanziati dal governo.

Altri ad intuire immediatamente l'enorme potenziale didattico del nuovo media sono i membri dell'Esercito della Salvezza di Melbourne, il cui Limelight Department diretto da Joseph Perry, diviene di lì a breve la maggiore impresa di produzione, distribuzione ed esercizio d'Australia.
Oltre a proiettare film d'importazione,Perry comincia subito a girarne alcuni lui stesso.
Si tratta di filmati pensati per esemplificare con

le immagini, le conferenze che il comandante dell'esercito della Salvezza Herbert Booth tiene insieme a sua moglie, in alternanza a brevi rappresentazioni teatrali e ad una serie di diapositive proiettate con la lanterna magica.
Il più famoso tra questi è *Soldiers of the Cross,* del 1900, un epica religiosa sul martirio dei primi cristiani composta da tredici cortometraggi di novanta secondi ciascuno, alternati a duecento immagini di lanterna magica accompagnate da musiche, il tutto ideato come sfondo per una conferenza del comandante Booth.
Alla prima dello spettacolo, a Melbourne, intervengono più di quattromila persone e l'enorme successo spinge l'Esercito della
Salvezza ad investire in nuove produzioni cinematografiche.

Nel 1910 però tutto si blocca a causa della morale molto più puritana del nuovo comandante che succede a Booth e che non vede di buon occhio questo nuovo fenomeno di costume. Altri però, avendone intuito l'enorme potenziale economico, cominciano a realizzare dei film utilizzando i propri risparmi.
Fra questi i famosi Johnson e Gibson, che finanziano *The Story Of the Kelly Gang,* realizzato dai fratelli Tate.
Il successo della pellicola, che incassa tantissimo in Nuova Zelanda, Inghilterra e Irlanda, funge da stimolo per la produzione interna e l'industria del cinema australiano decolla definitivamente.

Nel 1909, sempre a Melbourne, viene costruita una sala per proiezioni con 4000 posti a sedere, e nei due anni che seguono sono circa novanta i film che vengono girati nel paese.
Contemporaneamente aumenta il numero dei film importati e gli esercenti comiciano a realizzare ingenti profitti.
Nella regia tre nomi spiccano tra gli altri, quelli di Franklyn Barrett, Raymond Longford e Alfred Rolfe, e il futuro dell'industria del cinema down under sembra più che mai roseo.
All'orizzonte, però, già si profilano i barlumi di una prima crisi.
Se da un lato, infatti, si fa sempre più massiccia la presenza di film stranieri nelle sale, dall'altra vanno scemando gli argomenti "australiani cui il cinema può attingere e catalizzatore per lo scoppio della crisi diventa la messa al bando, per motivi morali,delle storie di banditi tipo Ned Kelly nello stato del New South Wales.
Per un periodo quindi la produzione australiana si concentra perlopiù sui documentari e sui cinegiornali che raggiungono massime vette negli anni della Prima Guerra Mondiale.
 Nel 1910 nasce la Pathès Australian Animated Gazette, uno dei primi cinegiornali regolari nel mondo nel quale trovano spazio dal 1915, le animazioni di Harry Julius, vignettista satirico impegnato nella propaganda contro la Germania.
Il lavoro per registi, sceneggiatori e tecnici vari comincia però a scarseggiare e così molti di essi

emigrano negli Stati Uniti.

Se con la guerra scarseggiano le opportunità di lavoro , si moltiplicano però i soggetti che il cinema australiano puo cominciare a sfruttare.
Saranno molti i film basati sulle gesta degli australiani sotto le armi.

È' un momento piuttosto delicato però, perché ad un aumento del materiale da sceneggiare corrisponde la penuria di pellicola e di attrezzature.
Nel 1913 Raymond Longford realizza *Australia Calls*, un film che ipotizza le disitrose conseguenze di una possibile invasione dell'Australia da parte dei giapponesi, e nel 1915 esce *The Hero of the Dardanelles*, di Alfred Rolfe. Altro film che riscuote enorme successo è *The Martyrdom of Nurse Cavell,* di John Gavin e C. Post Mason, del 1916.

Accanto ai drammi sulle atrocità della guerrra e sulle eroiche gesta degli australiani, un altro genere che incontra il favore del pubblico in questo periodo è la commedia, che tocca i suoi vertici nella serie cinematografica *Hayseeds*, sulle avventure e disavventure di una famiglia di goffi agricoltori.
Il primo film della serie è *Our Friends The Hayseeds,* del 1917, ed ottiene un tale consenso che il regista Beaumont Smith viene incaricato di girarne altri due nello stesso anno.

Alla fine della Prima guerra Mondiale il cinema è ormai la principale forma di intrattenimento.
Hollywood, approfittando della guerra in Europa, si getta alla conquista di tutti i mercati disponibili e, in

breve, quasi tutti i film proiettati nelle sale sono di fattura statunitense. Ma la produzione australiana, sebbene con enorme fatica, non si arresta e continua a celebrare i miti nazionali e le gesta dei suoi eroi. Nel 1919 Raymond Longford realizza *On Our Selection*, sulla vita dei pionieri, e *The Sentimental Bloke*, su un povero sbandato che dopo anni di sofferenze e miseria trova finalmente la felicità nel matrimonio.
È' una storia semplice ma edificante, che va dritto al cuore della gente comune e riscuote un enorme successo non solo in Australia ma anche in Inghilterra, confermando Longford come il massimo regista australiano del momento.

Altra figura di spicco di quel periodo, inestricabilmente legata a quella di Longford nella vita e nell'arte, è quella dell'attrice Lottie Lyell che, oltre a recitare in diciotto film diretti dal regista, collabora con lui alla stesura di varie sceneggiatura e alla realizzazione di *The Blue Mountains Mystery*, del 1921, e di *The Dinkum Bloke*, del 1923.
È' il massimo momento del cinema muto e gli australiani tentano la scalata al mercato statunitense.
Accanto alle storie di realismo sociale inizia la produzione di film che potremmo definire, usando un termine moderno, d'azione.
Per realizzarli, due produttori, i fratelli E.J. e Dan Carroll, in associazione col campione sportivo Snowy Baker e con la società di produzione Southen Cross Feature, ingaggiano alcuni grossi nomi del

cinema americano.
Il regista statunitense Wilfred Lucas, coadiuvato dalla moglie, la secneggiatrice Bess Meredyth, girano così per loro tre film, uno di seguito all'altro.
Sono *The Man from Kangaroo*, *The Jackeroo of Coolabong*, e *The Shadow of Lightning Ridge*, tutti del 1920.
Nonostante si tratti di film di ottimo livello, non riscuotono però all'estero il successo sperato e i finanziatori non riescono a rientrare dei costi di produzione.
Nemmeno i film diretti da Longford per la stessa produzione realizzano a sufficienza, e alla fine i fratelli Carroll sono costretti a chiudere i battenti.
Longford e la Lyell non si danno per vinti e realizzano in proprio altri quattro film: oltre al sopracitato *The Dinkum Bloke,* si tratta di *Fisher's Ghost*, del 1924, , del 1925, e di *Peter Vernon's Silence* , del 1926.
Purtroppo però gli ultimi due non hanno
molto successo e così anche questi due pilastri del cinema muto di lì a poco escono di scena.
La Lyell muore nel 1925 e Longford dirigerà solo un altro film, numerosi anni più tardi: *The Man They Could Not Hang*, nel 1934.
All'americano Norman Dawn viene affidata la regia di un altro classico del cinema di quel periodo: *For the Term of His Natural Life*.
Uscito nel 1927 il film è subito campione di incassi in patria, ma il tentativo di lanciarlo sul mercato americano fallisce.

Gli australiani si trovano infatti a dover superare un nuovo enorme ostacolo: l'avvento del sonoro che preclude l'accesso al mercato americano ai film muti già dal 1927.

Intanto, in Australia, tra i filmmakers serpeggia lo scontento legato all'invasione delle sale da parte di film stranieri.

Alla fine della Prima Guerra Mondiale il cinema inglese e quello americano dominano tutti i mercati grazie ad un sistema detto "ad integrazione verticale", con le case di produzione che acquistano le catene di distribuzione e di esercizio, accaparrandosi così tutte le sale per togliere ogni spazio alle produzioni locali.

In seguito alle proteste e alle pressioni esercitate sul governo da parte dei membri dell'industria del cinema locale, nel Marzo del 1927 viene istituita una commissione governativa (Royal Commission), incaricata diinvestigare in merito. Appurata la realtà dei fatti lamentati dai cineasti australiani, si cerca di risolvere il problema imponendo una serie di tasse e votando leggi restrittive volte a limitare l'importazione di film stranieri, ma il tentativo fallisce e tutto quello che i produttori e i filmmakers ottengono sono alcuni premi in denaro per i migliori film e le migliori sceneggiature, ed una clausola che obbliga gli esercenti ad includere nel cartellone almeno un cinque per cento di film realizzati in patria.

La produzione dunque si arresta quasi

completamente e l'unico film di rilievo del periodo è *The Cheeters*, che però non esce fino al 1930, convertito in film semi-parlato.

A realizzarlo sono le sorelle Paulette, Isabel e Phyllis McDonagh, la prima regista e sceneggiatrice, la seconda attrice e la terza scenografa e segretaria di produzione.

Precedentemente avevano realizzato altri due film di successo: *Those Who Love,* del 1926 e *The Far Paradise*, entrambi drammi ambientati nell'alta società.

Dopo *The Cheeters* le McDonagh realizzano un altro film, *Two Minutes Silence,* del 1933, contro la guerra. Pur essendo il primo film australiano sonoro a sfondo sociale, non riscuote molto successo e, sfortunatamente insieme a *Those Who Love* è andato perduto.

Altro nome di spicco dell'ultimo periodo del muto è quello del regista Tal Ordel, un indipendente che, con la sua commedia ambientata in uno dei quartieri poveri di Sydney, *The Kid Stakes*, del 1927, riscuote un notevole successo.

Nonostante i discreti profitti assicuratigli dal film, come gli altri filmmaker indipendenti anche lui sarà spazzato via di scena, per motivi economici, dall'avvento del film sonoro.

I primi prodotti cinematografici australiani a beneficiare del sonoro sono i cinegiornali, con la De Forest Phonofilm e la Fox Movietone, che si fanno carico di importare tutte le attrezzature necessarie dagli Stati Uniti.

Il primo vero film di finzione sonoro realizzato in Australia è secondo alcune fonti *Showgirls' Luck*, diretto da Norman Dawn nel 1930, mentre secondo altri è *On Our Selection,* diretto da Ken G.Hall nel 1932, il primo film parlato d'Australia.
In quel periodo i film raccontano lo stato coloniale della giovane nazione.

Ma gli anni Trenta sono tuttaltro che floridi, dal punto di vista cinematografico.
Da una parte la depressione incide pesantemente sul bilancio delle famiglie che non possono permettersi alcun extra, e dall'altra le sale invase da film inglesi e americani, non trovano spazi per proiettare le pellicole prodotte in patria, e questo siripercuote pesantemente sulla produzione locale.
Frank Thring, che aveva giocato un ruolo fondamentale nell'aggiornamento della produzione dopo l'avvento del sonoro, inviando un tecnico ad imparare il mestiere negli Stati Uniti ed aprendo al suo ritorno la casa di prduzione Effetee, in soli tre anni aveva realizzato quasi cento tra lungo e corto metraggi ma a quel punto fallisce per impossibilità di distribuire i suoi film nelle sale superaffollate da prodotti stranieri.
A risollevare le sorti del cinema aussie ci pensa Stuart Doyle, manager della catena di cinema Union Theatre, che crea la società
Cinesound, per la produzione di film australiani. Il suo fiuto viene premiato e il primo film prodotto, quel famoso *On Our Selection*, diretto da Ken G.Hall,

incassa talmente tanto da consentirgli di finanziare altri sedici film, sempre diretti dallo stesso regista, fino allo scoppio della seconda Guerra Mondiale.

In qusto periodo il cinema è perlopiù un cinema di evasione, come nel resto del mondo. La gente risparmia qualche centesimo sulla già magra spesa per comprare dei "sogni" da vivere insieme agli altri al buio, nelle grandi sale.
L' appetito degli australiani è tutto peròper la cultura importata.
Sono pochi infatti i film che fanno riferimento alla preoccupante situazione sociale, e sempre e solo in maniera marginale, come i già citati *On Our Selection*, i sequel della serie *The Hayseeds* o le commedie di George Wallace come *Let George Do It* o *Mr.Chedworth Steps Out.*

È del 1933 uno dei classici del cinema down-under, *In The Wake of The Bounty,* interpretato da un Erroll Flynn ancora alle prime armi e diretto da un altro dei grandi registi del cinema australiano: Charles Chauvell.

Il problema della distribuzione si fa sempre più pressante e produttori e registi esercitano una tale pressione sul governo che questi vara, nel 1935, una legge (Il Quota Act) che prevede che nei cinema si proiettino almeno venti film australiani all'anno.
L'idea è quella di costringere i vari distributori ad investire nella produzione di film locali, qualora il numero di film prodotti nel paese non risultasse sufficiente.
Ma la cosa non funziona. Gli esercenti non investono

e il numero dei film da proiettare passa quasi subito da venti ad otto. La legge si è dimostrata inadeguata e viene definitivamente abrograta nel 1937.

Altro duro colpo inferto all'industria del cinema australiano è il varo in Gran Bretagna proprio in quegli anni di una legge protezionistica a favore del cinema inglese che vieta l'importazione di film australiani.
Nonostante ciò alcuni registi si sforzarono di mantenere vival'industria.
Nel 1946 il film *Smithy* di K.G.Hall, sull'attraversamento del Pacifico in aeroplano, recupera tutti i costi di produzione e
riscuote un grandissimo successo.
l'Australia ha bisogno di nuovi eroi, di sentirsi importante e di recuperare l'ottimismo.
Intanto il Giappone attacca l'Australia e si comincia a guardare all'America come alleato protettore.
In oltre, la nuova ondata di emigranti diorigine europea che arrivano in Australia durante e dopo la guerra comincia ad introdurre nuove tematiche legate all'identità australiana allargata.

Arrivano gli anni Cinquanta e l'industria del cinema australiano scompare.
La lingua che si parla alla radio e al cinema è inglese di Sua Maestà Britannica e, con l'avvento della TV, tutto ciò che si vede è prodotto nel Regno Unito o in America.
I materialiscarseggiano e sono costosi. Contemporaneamente si diffonde l'idea che l'Australia non possa gareggiare con la qualità delle

produzioni straniere.
La mancanza di fiducia della popolazione australiana nelle proprie capacità di realizzare prodotti di successo per il grande e piccolo schermo ha un effetto devastante sulla giàmalconcia industria del cinema.

Nel decennio tra il '50 e il '60 essa crolla definitivamente e non solo non si producono più film australiani, ma diventa anche difficile proiettare quelli vecchi.
Le due cause principali sono l'avvento della TV, che contribuisce alla chiusura di molte sale cinematografiche, e la crisi economica, che fa eliminare i divertimenti dal bilancio famigliare.

L'intellighenzia australiana è comunque in fermento. Nel 1953 nasce il Festival del cinema di Melbourne, seguito da quello di Sydney, l'anno successivo.
In Australia arrivano finalmente film provenienti da tutta l'Europa e il cinema non è più solo un divertimento per il sabato sera ma diventa una vera forma d'arte attraverso la quale
esprimere idee trasgressive.
Prima ancora di qualsiasi intervento governativo gli intellettuali australiani vogliono già riprendere a fare cinema e si riuniscono nei pub e nei caffè attorno alle università di Mebourne e di Sydney per discutere dei film diGodard, Truffaut e Rivette.

Nel 1955 esce l'ultimo film di Charles Chauvel, *Jedda*, primo film australiano a colori e il primo con attori aborigeni come protagonisti. Racconta

una drammatica storia d'amore tra due nativi e rappresenta uno dei primi veri atti d'accusa contro la politica dell'integrazione forzata imposta ai nativi dai coloni inglesi.
L'unico però a puntare tutto sui film australiani è l'attore Chips Rafferty, icona del cinema nazionale, che ipoteca la sua casa per poter fondare una casa di produzione insieme all'amico regista Lee Robinson, che lo dirige nei vari film da loro stessi prodotti.
Rafferty è uno che non si arrende ed ha ben chiara in mente l'importanza di sostenere l'industria locale perché rappresenta il baricentro dell'identità e della cultura nazionali. Sfortunatamente però muore nel 1971, prima che il governo australiano si decida a dare impulso all'industria del cinema del suo paese.
Rafferty, con la sua caparbietà e con l'ostinazione e la determinazione tipica dell'australiano abituato a combattere contro le avversità, riesce a smuovere le acque e a far leva sull'orgoglio
nazionale di altri come lui.

Intanto è la televisione, inizialmente nemica del grande schermo, a dare nuovo impulso all'industria del cinema in Australia.
Nel 1959 qualcuno fa notare casualmente ai suoi compatrioti che dei circa 1500 attori comparsi sul piccolo schermo quell'anno, solo cinque erano australiani.
La polemica, cominciata in sordina, finisce con lo scatenare un vero vespaio e si conclude con l'imposizione al governo da parte delle associazioni degli attori e dei produttori australiani di bandire

dalla televisione australiana almeno tutte le reclames non realizzate in Australia, gettando così inconsapevolmente i semi per la rinascita dell'industria del cinema del paese.

Intanto il senato, in seguito alle pressioni di alcuni membri del partito conservatore (Liberal Party), infastiditi dalla distrazione nei confronti della propria cultura che la TV esercita sul pubblico australiano , incarica una commissione speciale, la commissione Vincent, di indagare sulla necessità di incoraggiare la produzione locale di film e programmi per la televisione.

Il 29 ottobre del 1963 il rapporto Vincent viene presentato al parlamento, proprio il giorno prima che questo si sciolga in occasione delle nuove elezioni.

Nel rapporto, tra le altre cose, si conclude che: "... un adeguato sviluppo del dramma per la televisione si può

ottenere solo promuovendo un corrispondente grado di espansione nell'industria del cinema".

Il rapporto Vincent offre dunque agli australiani lo spunto per premere affinchè il governo si adoperi ai favore dello sviluppo dell'industria del cinema locale, ma il governo, in un certo senso, lo insabbia perché non vuole trovarsi contro i proprietari delle varie stazioni televisive commerciali che, guarda caso, sono anche i proprietari dei giornali sull'appoggio dei quali esso conta per venire rieletto. Ma i filmmaker australiani non si arrendono e sono più che mai decisi ad utilizzare la televisione,

l'unico mezzo che hanno a disposizione per produrre qualcosa di locale. Nasce così la serie televisiva *HOMICIDE*, del 1964 che riscuote un enorme successo e alla quale spetta il merito di aver rieducato il gusto degli australiani alle storie locali e alle ambientazioni familiari.
Tale cambiamento nell'atteggiamento e nella risposta del pubblico nei confronti di una produzione australiana è fondamentale ai fini della rinascita dell'industria del cinema del paese.

Nel 1965 esce *They're a Weird Mob (Sono gente strana)*, di Michael Powell, che tra gli interpreti annovera anche l'attore italiano Walter Chiari.
È un grande successo, ma si tratta pur sempre di un film girato in Australia da una produzione inglese.

Intanto la serie televisiva *Skippy,* sulle avventure del celebre canguro, si vende in ottanta paesi diversi e segna per l'Australia il primo record nelle esportazioni televisive.
Nel 1964 comincià però anche l'arruolamento forzato dei giovani australiani, spediti a combattere in Vietnam. la gente odia il paternalistico governo Menzies e tra i giovani australiani comincia a diffondersi un sentimento anti-americano che li porta a mettere in dubbio i "valori" e la cultura a stelle e strisce.
Lo spirito nazionalistico riguadagna qualche punto e l'industria del cinema locale comincia ad essere rivalutata.

Nel 1966 i registi Albie Thomas, David Perry, John

Clark e Aggy Read si uniscono e creano il gruppo UBU film, per la produzione e lo sviluppo del cinema sperimentale.
Nel 1967, il documentario *Forgotten Cinema*, di Anthony Buckley, formato da spezzoni di capolavori del cinema australiano del passato, viene mostrato ai membri del parlamento ed attrae finalmente l'attenzione sulla necessità di ricreare, o di far comunque risorgere, l'industria del cinema nazionale.

Poco prima, coadiuvato da Roland Beckett, regista e segretario della PDGA (Producer's and Dirctor's Guild), Buckley aveva creato a Sydney l'Australian Film Council, e saranno proprio queste due lobby a costringere il governo ad intervenire materialmente a favore del cinema australiano.

Nel 1868 il film *Two Thousand Weeks*, di Tim Burstall è la prima pellicola australiana, dopo oltre dieci anni, a trovare una distribuzione. L'ultimo ad essere arrivato sul grande schermo era stato *Dust In the Sun*, di Lee Robinson, nel 1958.

Intanto anche a Melbourne le cose si muovono e il regista Phil Adams si unisce a Berry Jones, magnate delle comunicazioni, per convincere il governo ad istituire una speciale commissione cinematografica ed a finanziare un loro viaggio per documentarsi sulle varie altre industrie cinematografiche esistenti.
Al ritorno presentano una relazione che punta sulla necessità di istituire un fondo per il finanziamento

dei film sperimentali, di organizzare un sistema di investimenti simile a quello canadese creando una sorta di banca del cinema, e di creare una scuola di cinema.
Il primo ministro John Gorton è propenso a seguire le loro indicazioni, ma al cambio della guardia, quando a lui succede Peter Howson, il governo prova a rimangiarsi tutte le promesse e Adams, per protesta, lascia l'incarico creando molto scalpore e costringendo il primo ministro a tornare sulle sue decisioni.

Nascono così L'Experimental Film Found, che finanzia cortometraggi e due film di successo, Stork di Tim Burstall e 27A di Esben Storm, e l'Australian Film Developement Corporation che, in aggiunta al Commonwealth Film Unit, permettono la realizzazione di ventiquattro film australiani tra il 1969 e il 1972.
Tra essi c'è anche *Three To go,* un film in tre episodi, uno dei quali è firmato da Peter Weir.

Nel 1973 il nuovo governo Laburista commissiona un indagine sulla nascente industria del cinema e ne risulta che i problemi maggiori incontrati dagli addetti ai lavori sono legati agli ingenti costi di distribuzione.
Ma alle lamentele dei filmaker non fa seguito l'intervento sperato e l'unico cambiamento introdotto è la sostituzione dell'Australian Film Developement Corporation con un
organismo nuovo. Nasce così l'Australian Film Commission, con il compito di finanziare alcuni

film e di promuovere il cinema australiano nel mondo, assicurandone la presenza nei vari festival di maggior rilievo.

Sunday Too Far Away di Ken Hannam e *Pic Nic at Hanging Rock*, di Peter Weir, entrambi del 1975, riscuotono un enorme successo e finalmente il cinema australiano riconquista l'attenzione della critica mondiale dimostrando di aver assimilato bene, accanto ai modelli americani, anche tanto stile europeo.

Sono gli anni della cosiddetta newest wave, l'"ultimissima ondata", che lanciano registi del calibro di Fred Schepisi, Bruce Beresford, Phillip Noyce, Gillian Armstrong e del Dr.George Miller, oltre ai già citati Weir e Hannam, e il cinema australiano esplode, invadendo il mondo intero.
Alla saga dei tosatori di Hannam e al mistero di San Valentino di Weir si uniscono le avventure di *Mad Max*.
Fred Schepisi firma *The Devil's Playground*, e da lì in poi è tutt'un susseguirsi di successi: *Newsfront*, di Noyce, *My Brilliant Career*, della Armstrong, *The Chant of Jimmi Blacksmith*, di Schepisi e *Breaker Morant*, di Beresford, tanto per citarne alcuni.

Per incrementare ulteriormente l'industria già fiorente, nel 1981viene votato l'emedamento 10BA alla legislazione relativa alle imposte sul reddito, che consente sgravi fiscali fino al 150% a chiunque investa nel cinema.
L'auspicato aumento nella produzione è immediato e a dir poco esagerato. Dai sedici lungometraggi

prodotti all' anno negli anni Settanta si balza ai 45 prodotti tra il 1985 e il 1986.
Chiunque può investire nel cinema e i fondi a disposizione dei filmmaker si moltiplicano. Tuttavia a questo vero e proprio boom che l'industria fa registrare corrisponde un grosso calo di qualità del prodotto cinematografico e il mercato interno e quello mondiale vengono presto inflazionati da una moltitudine di brutti film.
Inoltre, tutti i talenti maggiori -registi, attori, direttori di fotografia e tecnici vari - emigrano ad Hollywood, allettati dai maggiori guadagni e dalla sicura distribuzione , oltre che dalla superiore disponibilità di mezzi tecnici.

Nel gran calderone del 10BA però non tutti mirano solo al facile guadagno, e nonostante l'Australia perda un po' di credibilità agli occhi dalla critica cinematografica internazionale, a poco a poco emergono alcuni nomi destinati a far parlare molto di se in futuro.
Jane Campion e Vincent Ward approdano a Sydney dalla Nuova Zelanda, portandosi dietro quella visionarietà e quella cupezza inquietante tipiche della gente del loro paese. Richard Lowenstein e Geoffrey Wright utilizzano budget ridottissimi sfornando piccoli capolavori
di realismo sociale quali *Strikebound* e *Romper Stomper*. Paul Cox sforna film intimisti dal sapore molto europeo come *Cactus*. Nadia Tass e il marito David Parker danno il via, con *Malcolm*, alla commedia sofisticata all'australiana, e Ann Turner

con *Celia,* volta le spalle alla morale comune.

Intanto, con *Bedevil* di Tracey Moffatt, anche il cinema koorie (aborigeno) comincia a muovere i suoi primi passi.

Il vero problema del cinema australiano resta però il mercato. Con una popolazione di diciassette milioni di abitanti, tranne che in casi ecclatanti, è vano sperare in lauti guadagni e spesso anche di recuperare semplicemente i costi di produzione.
Così si tenta, erroneamente, di conquistare il mercato statunitense utilizzando formule hollywoodiane per raccontare storie australiane.
In due occasioni la cosa funziona: *Crocodile Dundee,* di Peter Faiman e *Young Einstein* di Yahoo Serious incassano cifre da capogiro, ma si tratta di casi sporadici e per anni sarà difficile bissarne i grandi profitti.
Fare film all'americana in grado di competere con quelli americani è una speranza vana e serve solo a produrre film senza identità e di pessima qualità.

Intanto, però, una nuova generazione di filmaker comincia ad intuire qual'è la soluzione per ovviare al problema.
Gli eredi dei vari Cox, Lowenstein, Wright e Turner sono Rolf de Heer(*Bad Boy Bubby*), Emma-Kate Crogan (*Love and Other Catastrophes)*, Jocelyn Moorhouse (*Proof)*, Baz Luhrmann *(Romeo + Juliet)*, Scott Hicks *(Shine)*, P.J. Hogan (*Muriel's Wedding*), Stephan Elliott (*Priscilla - Queen of the Desert*), David Caesar (*Idiot Box*) e Ana Kokkinos (*Head On*).
Il loro è un cinema fatto di grandi idee e

mezzi moltorelativi, dove il budget ridotto consente maggior libertà di sperimentare e non richiede di accettare compromessi per assicurarsi
un più ampio mercato.
Raccontano storie australiane al cento per cento, storie nuove e diverse con radici multiculturali; storie comuni o bizzarre a volte molto crude o dal senso dell'umorismo macabro, nei tre atti classici o totalmente de-strutturate, mescolando generi e stili senza regola, in barba a tutte le convenzioni, nel tipico spirito ribelle degli australiani, orgogliosi della propria identità nazionale.

È così il cinema Autraliano riparte e continua a spingersi oltre i suoi limiti, originale al limite dell'eccentrico, povero di mezzi ma non di contenuti, autarchico e mai banale e proiettato verso un futuro che speriamo sia ancora pieno di magnifiche sorprese.

JANE CAMPION

Regista, sceneggiatrice, produttrice

Con Lezioni di Piano hai riportato in auge il film in costume che ha avuto il suo periodo di gloria ai tempi della cosiddetta New Wave del cinema australiano. Penso a *Picnic ad Hanging Rock*, a *La mia brillante carriera* e via dicendo. Cosa ti a spinto a tornare a quel genere che poi era stato un po' dimenticato?

Penso che sia stata la mia grande passione per la letteratura dell'Ottocento. Ho sempre amato i romanzi delle sorelle Brontë. Provo una profonda affinità spirituale con loro. Hanno un rapporto molto rigoroso con la verità. Le loro storie sono piene di passione e di emozioni senza essere sdolcinate e mi piacciono molto. *Lezioni di Piano* è un omaggio a *Cime tempestose*.

Tu ti senti più neozelandese, australiana, europea o

un po' di tutto e niente di preciso?

per un periodo ho provato una sorta di ansia di lasciarmi alle spalle quello che chiamo il "cielo del sud", quello che mi era più familiare, per visitare e conoscere meglio il mondo sotto al "cielo del nord". Ma la mia casa è sotto al cielo del sud, non in
Nuova Zelanda o in Australia in particolare, ma in quella zona lì che considero un tutt'uno.

Sei una che si commuove al cinema o, da quando hai cominciato a realizzare i film, ti colpisce più il lato tecnico della cosa? In altre parole, quando vai al cinema riesci ancora a farti incantare o rimani comunque distaccata?

La speranza, entrando in sala, è sempre quella di essere risucchiati all'interno di qualche mondo esotico e nuovo, col quale non hai alcuna familiarità, oppure in un mondo che conosci bene ma che qualcuno riesce a mostrarti secondo
una diversa prospettiva. Quella è da sempre sempre la mia speranza quando mi siedo in poltrona e aspetto che spengano le luci.

Piangi al cinema?
Si, sono un tipo molto sensibile e se il film è bello mi commuovo fino alle lacrime.

Hai un genere che preferisci, oppure scegli a seconda dell'interprete o del regista?

Mi piacciono tutti i generi e la mia speranza è

di vedere un film fatto bene, con performance di grande livello e che riesca a sorprendermi, facendo meglio di quanto non avrei saputo fare o stessa. Quando succede è come se
ricevessi un dono, se qualcuno mi avesse regalato qualcosa di
speciale. Non importa se il film sia commerciale, oppure un film molto sofisticato. Non ho pregiudizi al riguardo. Mi piace quando un regista rispetta il suo pubblico mantenendo un certo tipo di standard qualitativo, comunque ci sono alcuni film che sono realizzati in maniera molto rozza, mostrano uno stile per così dire "grezzo", eppure sono molto piacevoli. Quindi penso che la prima condizione affinchè mi piaccia un film è "per favore trasportami lontano, oltre mia immaginazione, oltre il prevedibile".

Cosa ti porta al cinema?
In genere scelgo un film perché ne ho sentito parlare bene o qualcuno me lo ha raccomandato dicendo che è diverso, interessante, stravagante, interpretato magistralmente, è profondo. Queste sono le descrizioni che mi fanno decidere di andare al cinema a vedere un film anzichè un altro. Mettiamola così: è piuttosto difficile convincermi ad andare
a vedere un film sui dinosauri, ma anche quello potrebbe essere bellissimo, straordinario, sorprendente...
Come nel caso di *Alien*, un film che ho amato

moltissimo. Ma se la storia dovesse essere un po' più ordinaria e meno sfaccettata finirei con l'annoiarmi. Inoltre odio quei film densi di moralismo borghese. Mi piacciono invece molto quelli che io non sarei mai in grado di realizzare. Non mi piace la violenza gratuita, ma se è parte integrante della storia e serve a chiarire parte dell'intreccio o a conferire spessore al personaggio, allora la tollero. Non è che mi faccia paura o che mi disgusti, ma mi distrae e mi fa perdere il filo.

LOUIS NOWRA

Scrittore, sceneggiatore

Cosa pensi sia cambiato nel cinema australiano dagli anni Ottanta al Duemila?

Quando vivi in un paese relativamente giovane come il nostro, tendi ad esaminare con la lente la tua storia, i tuoi miti, le tue leggende.
Questo tipo di indagine ha caratterizzato il cinema degli anni Settanta/Ottanta in Australia, e si guardava alla nostra "inadeguatezza", al nostro gusto un po' kitsch/pop con un atteggiamento di disprezzo. Invece proprio quel gusto è stato rivalutato e riportato in primo piano con ironia e simpatia, in film come *Ballroom*, *Priscilla - La regina del deserto*, *Le nozze di Muriel* e persino in *Cosi*.
In un certo senso, dalla fine degli anni Ottanta, in Australia non sentiamo più il bisogno di scusarci del nostro senso dell'umorismo a volte un po' cinico, e questo è già un enorme passo avanti. E non soffriamo neanche più del complesso di essere una

cultura "di periferia", quella dei coloni, lontani dalla madre Europa, signora assoluta del gusto e dello stile.
Il fatto di aver cominciato a considerare il nostro senso di inadeguatezza come una forma di innocenza e il nostro gusto *camp* come uno stile a se, come qualcosa di addirittura innovativo, ha rappresentato un momento importante nell'affermazione della nostra identità ed indipendenza culturale.

Secondo te, cosa in cosa si differenziano il cinema di Sydney e quello di Melbourne?

Una delle grandi differenze tra il cinema di Melbourne e quello di Sydney è che il primo è un po' più serio e un po' più riflessivo, mentre quello di Sydney è più solare e leggermente meno
intellettuale. In fondo la gente di Melbourne si è sempre vantata della sua cultura più seria e più inglese e anche il suo cinema è sempre stato e continua ad essere fortemente influenzato dal cinema realista britannico.
Per spiegare meglio la differenza tra i due posti
potremmo prendere ad esempio due edifici simili: l'Opera House di Sydney e l'Art Centre di Melbourne. L'Opera House è un edificio spettacolare dall'esterno ed un incubo all'interno. L'Art Centre di
Melbourne è perfetto per lavorarci ma da fuori sembra un bunker.
Sydney ha alcune tra le più belle spiagge del mondo e Melbourne alcuni tra gli architetti di interni più

famosi. Il cinema, riflette perlopiù questa diversità di base, con le dovute eccezioni, ovviamente.

Pensi che il cinema australiano si stia americanizzando?

Ultimamente i distributori americani sembrano fare a gara per assicurarsi alcuni film australiani, quindi alcune Major hanno deciso di investire nei nostri film, così da avere poi la precedenza nella distribuzione.
Ma non credo che gli americani apprezzino totalmente il nostro umorismo, ne comprendano la nostra tendenza all'ironia anche un po' macabra. A loro piacciono perlopiù i film strappa lacrime o le favole che non raccontano storie di gente reale.
Sono film sul mondo dei film, per così dire.
Inoltre hanno troppa paura di così tante cose.
Per esempio nel caso di *Cosi*, volevano eliminare il personaggio del piromane perché lo ritenevano troppo spaventoso. Non riuscivano a coglierne l'ironia, la sottile comicità. Per loro un piromane è un personaggio completamente negativo, un cattivo e basta. E poi nel giudizio su una sceneggiatura sembrano avere sempre in mente un pubblico di ragazzini delle elementari mentre noi siamo sicuri che le storie possono essere un tantino più complesse e continuare ad essere apprezzate da un vasto pubblico di tutte le età. Quindi uno dei pericoli che da sempre corre il cinema Australiano è quello di perdere la sua identità e sensibilità, costretto a conformarsi

conformare al senso dell'umorismo degli americani e alla loro tendenza alla semplificazione.
Fino ad ora non è successo in molti casi perché rispetto agli inglesi, ad esempio, gli australiani sono più coriacei e non cedono. Ma il rischio di essere assorbiti e appiattiti è sempre lì in agguato.

E cosa si può fare per scongiurare questo pericolo?

Uno dei vantaggi è che l'America è abbastanza lontana fisicamente dall'Australia e anche il volo più breve è sempre molto lungo, quindi gli americani non vengono qui troppo spesso.

Cosa ne pensi delle coproduzioni?

Nel caso di una coproduzione il problema principale sembra essere il fatto che nessuno abbia il controllo totale di quello che sta succedendo.
Tecnicamente questo controllo spetta al line producer, ma con un film dal budget elevato anche i vari produttori vengono chiamati in causa e devono prendere delle decisioni, anche se in quel momento si trovano all'estero. Quindi non è una cosa facile, che porta via parecchio tempo e così spesso il film finisce col superare il budget stabilito. Contemporaneamente i produttori esecutivi si occupano di altri progetti e quindi non si dedicano totalmente al film. Diciamo quindi che il problema sono i tempi che si allungano parecchio e il rischio di sforare il budget.

Quali sono le differenze maggiori tra lo scrivere film

australiani e film per Hollywood?

Ci sono due cose importanti da considerare. Hollywood parla al suo pubblico che è diverso dal nostro perché è stato istupidito, nel corso degli anni, dai film che gli hanno rifilato.
Altra cosa è che raramente i film delle major raccontano storie vere.
Sono perlopiù storie costruite secondo una precisa formula di sogno. Primo, secondo, terzo atto, lieto fine.
Hollywood è una fabbrica di sogni, e nello scrivere i vari personaggi non si ispira quasi mai alla gente vera ma piuttosto ad altri personaggi del grande schermo. Da noi, invece, è quasi sempre l'opposto.

Che differenza noti, in Australia, tra il tuo pubblico a teatro e il tuo pubblico al cinema?

Soprattutto una differenza d'età. In Australia al cinema ci vanno tutti, ma soprattutto i giovani, mentre il pubblico del teatro è più adulto, dai trent'anni in su.
immagino che questo accada soprattutto perché il teatro è una forma di intrattenimento molto più complessa e anche perché i biglietti sono più costosi.

E nel teatro cos'è cambiato? Mi sembra che le pièce di oggi siano molto meno arrabbiate di quelle dei primi anni Ottanta...

Il teatro non si è mai ripreso dalla depressione che lo ha colpito negli anni Ottanta. E in tempi di crisi

economica non è mai molto critico nei confronti della società.
Il teatro migliore in genere è quello di rottura, ma nei periodi di crisi, per non rischiare troppo dal punto di vista economico, i testi tendono ad ammorbidirsi.

E per te come drammaturgo cos'è cambiato?

Sono fortunato perché posso scrivere quello che mi pare. La differenza tra i miei lavori di oggi e quelli di prima della crisi è che adesso devo limitare il numero dei personaggi, perché gli attori costano troppo, mentre prima potevo scrivere una pièce per quindici, sedici interpreti. Questo, ovviamente, cambia il tipo di lavoro che
puoi preparare, perché piuttosto che una pièce movimentata devi puntare a realizzare un dramma psicologico. Anche nel teatro, come nel cinema, i cambiamenti sono perlopiù dovuti a ragioni economiche.

E tra i due quale preferisci?

Preferisco scrivere romanzi e per il teatro. La ragione è che una sceneggiatura te la fanno riscrivere anche venti volte e personalmente non ritengo che tutto questo lavoro di rielaborazione
porti a risultati migliori.
Magari il copione è più rifinito, ma molto si perde per strada. E questo perché tutti si sentono liberi di dare la loro opinione: il produttore, la fidanzata

del produttore, persino il macchinista dice la sua. E nel caso di una coproduzione è ancora peggio, perché ti arrivano suggerimenti per cambiare questo e quello, da varie parti del mondo. e tutti credono di conoscere la risposta giusta, di avere in mano la soluzione finale. Non trovo molto piacevole scrivere in queste condizioni.

Quello australiano però rimane un cinema di idee, non di effetti speciali...

Fino ad oggi si. Ma con l'aumento degli investimenti da parte degli americani purtroppo temo che le cose cambieranno.

NOAH TAYLOR

Attore

Per molti anni hai recitato ruoli di adolescenti introversi e un po' squinternati... Anche in *Shine* il tuo personaggio era molto più giovane della tua vera età... Quando è che hanno comiciato ad offrirti ruoli anagraficamente più adatti?

E' vero. Il ruolo in Shine però era stupendo e non ho potuto dire di no.
Quando ho compiuto Ventisette anni (1996), ero alla Mostra del cinema di Venezia, un posto stupendo per festeggiare un compleanno. E' stato proprio in quella occasione che hanno cominciato ad offrirmi ruoli da adulto.

In un intervista di qualche tempo fa hai parlato della tendenza al suicidio che si va diffondendo sempre più tra i giovani australiani, soprattutto tra i ragazzi. Non sarà che in una società liberale e così bene organizzata come la vostra i giovani in relatà si sentano un po' strangolati?

Questa si che è una teoria interessante! No, penso che abbia più a che fare col fatto che nella stragrande maggioranza siamo discendenti di deportati. Sono solo duecento anni che l'Australia esiste come stato e quindi solo due secoli fa era tutto un massacrare, violentare, torturare e solo negli anni Settanta, con la protesta contro il Vietnam, i maschi australiani hanno
smesso di andare a combattere all'estero guerre che non li riguardavano affatto. Nel corso della Prima Guerra mondiale, il trenta per cento della popolazione maschile australiana è morto in Europa, un posto dove non aveva nessuna ragione di andare. Si trattava di una sorta di rito di iniziazione per i giovani maschi
australiani. Adesso non c'è più e se vivi in campagna in Australia, dove non c'è molto e adesso c'è anche una grossa crisi che ha investito soprattutto gli agricoltori, sei disoccupato, ti annoi, e cadi in depressione. Ha anche a che fare con l'essere di discendenza
irlandese... (ride).

E anche il confronto con una natura così ostile...

Si, penso che la salvezza per gli australiani stia nell'abbracciare sempre di più la cultura aborigena, nel non combattere la natura ma nell'allearti con essa, nel vivere secondo le sue regole.
Come molti altri australiani, anche io sento molto la mancanza di una cultura millenaria, di una

mitologia, e pur discendendo dagli anglosassoni non mi sento a fatto a mio agio in Inghilterra. Mi trovo bene in Germania, in Italia e quando andavo a scuola c'erano quattro ragazzini di origine inglese e tutti gli altri erano greci o italiani.
Un altro modo per vivere bene in Australia è andartene all'estero per un po', perché da lì il resto del mondo è così lontano e tutto sembra succedere altrove, e che tu ti stia perdendoti la festa.
Poi torni e ti rendi conto che è un paese meraviglioso perché c'è tanto spazio, tanta libertà e tante risorse naturali.

Nel preparati per i ruoli che interpreti segui un metodo ?

Non credo di essere un grande attore. Conosco bene i miei limiti. Per questo interpreto solo personaggi per i quali quali riesco a provare una certa empatia. Quando interpreto un personaggio cerco di trovare dentro di me quei sentimenti e quelle sensazioni che fanno parte di tale personaggio, così da stabilire un contatto.

Che rapporto hai con la musica?

Ottimo. Adoro la musica che è sempre stata e sempre sarà la mia forma d'arte preferita.
Suono il piano, anche se non troppo bene, a anche la viola, il corno francese e la chitarra.

Quant'è difficile la vita per un attore australiano?

Abbastanza. E' difficile diventare ricchi o essere corteggiati dai
registi e dai produttori come succede in altri paesi.
Ricordo di aver visto una volta Nicholas Hope, l'interprete di *Bad Boy Bubby* che, nonostante avesse appena vinto il premio dell'Australian Film Institute come migliore attore, faceva la fila all'ufficio della previdenza sociale per ritirare l'assegno dell'indennità di disoccupazione...
E' vero. Anch'io ho lavorato come lavapiatti lo un Natale e sono stato abbastanza povero per diversi anni perché non ho voluto fare alcuni film molto commerciali. E' una situazione abbastanza imbarazzante e per sopravvivere a volte ho finito col fare cose assurde, tipo spot pubblicitari vestito da pollo (così non mi riconoscevano!), o lavori che non avevano niente a che vedere con la mia professione.

Quali sono i ruoli che preferisci?

Quelli molto dark..

Cos'è cambiato nel cinema australiano dagli inizi della tua carriera ad oggi?

Quando ho cominciato a fare dei film in maniera professionale, attorno al 1986, il cinema australiano era ancora dominato da filmmaker uomini sulla quarantina, e raccontava perlopiù storie del passato, ambientate nel Sessanta e giù di lì, come parte del loro background, oppure che tendevano a rinforzare

il mito del maschio australiano come macho: un soldato, un cowboy, un fuorilegge.
Personalmente trovavo quel tipo di cinema piuttosto noioso perché non aveva alcun elemento con cui potessi identificarmi o relazionarmi.
Nella mia generazione c'è stata una maggiore apertura verso la letteratura e la cultura mondiale e i temi che erano stati trattati nel cinema australiano fino ad allora erano un po' troppo confinati alla stessa Australia.
Il primo film che ricordo di aver apprezzato pienamente è stato *Ghost Of The Civil Dead*, che è stato molto importante anche a livello internazionale per via del suo messaggio profetico che ne faceva qualcosa in più dei soliti novanta minuti di intrattenimento al buio.
Tutto ciò che quel film profetizzava si è puntualmente avverato sei anni dopo e quel film, come altri che sono stati realizzati in quel periodo, hanno dato piuttosto fastidio all'establishment.
Adesso le cose sono piuttosto diverse. Il cinema australiano è un cinema multiculturale, fatto da registi, sceneggiatori e attori di origine non anglosassone, cioè greca, italiana, libanese, asiatica, e credo che l'Australia sia uno dei pochi posti nel mondo dove la possibilita' di fare dei film non sia riservata ad una elite, ma estesa a chiunque dimostrio di avere talento.

Secondo te, oltre alla multiculturalita' delle storie che racconta, in che cosa in particolare si distingue dalle altre cinematografie, quella australiana?

Trovo che il nostro cinema, non essendo un cinema particolarmente ricco nei budget, sia fatto di grandi idee visto che, come si dice, la necessita' è la madre di tutte le invenzioni. In America ci sono persone come Roger Corman, che fanno film con pochi soldi e grande inventivita', e come lui ci sono altri filmmakers indipendenti.
In Australia potremmo dire che abbiamo il pragmatismo di Corman e il background europeo. E poichè non dobbiamo muoverci sotto il costante fardello di duemila anni di cultura, come succede per esempio a voi italiani, ci sentiamo in un certo senso più liberi di inventare, di sperimentare, di variare.

Tu ti senti più australiano o più cittadino del mondo?

Sono molto vicino ai newyorkesi, e allo stesso tempo mi sento un vero prodotto della cultura australiana, di Melbourne in particolare, che è una citta' che ha un suo proprio carattere, diverso da quello di qualsiasi altra citta' australiana.
Gli abitanti dello stato del Victoria sono molto orgogliosi ed hanno forgiato una loro propria filosofia, una loro estetica molto personale, facendo proprio tutto ciò che piaceva loro delle alte culture e liberandosi di tutto il resto.

Cosa vedi nel futuro del cinema del tuo paese?

Il cinema australiano è in una situazione un po' strana e un po' precaria. Da una parte si profila all'orizzonte la possibilita' che
L'industria continui a fare progressi soprattutto dal punto di vista tecnico.
Dall'altra c'è il rischio che il successo dei film commerciali e la mancanza di un mercato sufficientemente vasto da sostenere i costi di produzione, costringa i registi ad orientarsi verso un cinema che garantisca grossi incassi, a discapito della loro voglia di sperimentare nuovi tipi di percorso.
La cosa peggiore che potrebbe succedere al nostro cinema è che si tenti di ricalcare al buio formule hollywoodiane con budget molto limitati, con risultati scadenti.

Preferiresti che l'industria non si espandesse?

No. Non dico questo. Il cinema non è una forma d'arte pura perché comunque va a letto col diavolo capitalista e quindi i film sono il prodotto del matrimonio fra creativita' artistica e regole economiche. Credo che il successo commerciale di alcuni film australiani sia stato importante per dimostrare al nostro governo che siamo capaci di realizzare prodotti in grado di competere sul mercato internazionale e di attrarre l'attenzione della critica e del pubblico di tutto il mondo. Al tempo stesso però spero che questo non crei una situazione in cui vengano finanziati solo film di questo tipo, e che parte dei fondi messi a disposizione dal governo servano invece a produrre quei film a basso costo, artistici, diversi e più trasgressivi che sono diventati un po' il marchio di fabbrica del nostro cinema.

E nel tuo futuro cosa vedi?

Vorrei comprare una casa in campagna perché a volte sono un po' depresso. Molti anni fa ho trascorso due mesi su un'isola semi deserta, vivendo come un selvaggio, giravo
in mutande e passavo giornate intere sulla spiaggia a leggere libri e a nuotare. Il contatto con la natura selvaggia è molto importante per me. Vorrei vivere in campagna, recandomi in città solo per lavorare.

Come si chiama quell'isola?

Kangaroo Island.

Ma lì fa piuttosto freddo...

Si, ma è meglio in inverno che in estate, perché col caldo si riempie di serpenti. Ma è bellissima.

Del resto tutta l'Australia è piena di insetti velenosi e animali potenzialmente pericolosi...

E' vero, ma dopo un po' ci fai l'abitudine.

MARK JOFFE

Regista

Cosa è cambiato nel cinema australiano negli ultimi anni, rispetto al periodo della super produttività legato alla legge 10BA sugli sgravi fiscali concessi a chi investiva nel cinema?

Prima di tutto oggi in Australia si fanno meno film ma di qualità superiore. Di conseguenza c'è una maggiore attenzione verso il cinema australiano da parte non solo del resto del mondo, ma degli stessi australiani, cosa che a sua volta contribuisce a fare di questi film dei film di successo.

Ma qual'è il segreto per fare un buon film con pochi soldi?

Quando hai a disposizione un budget ridotto, impari a fare le cose in maniera efficace ed economica, a lavorare a lungo in pre-produzione così da avere un quadro molto chiaro di cosa vuoi fare e come vuoi farlo quando inizi le riprese.

In genere il pubblico rimane piacevolmente sorpreso della capacità che alcuni hanno di ottenere buoni risultati con così pochi soldi a disposizione.

Però in *Cosi*, che possiamo considerare un film dal budget limitato, hai lavorato con tanti artisti famosi. Immagino che li avrai convinti a lavorare per lo stipendio minimo. Che trucco hai usato?

Nessun trucco. Sapevano che il budget era limitato, ma gli è piaciuto il copione. Una delle cose belle dell'Australia è che gli attori non si comportano da star, non recitano solo per diventare ricchi e amano veramente molto il loro lavoro. Se gli offri un buon copione, una bella parte e se hanno stima di te come regista allora il problema economico passa in secondo piano. Questo è dovuto anche al fatto che nel nostro paese non si realizzano così tanti film e per gli attori, anche per quelli molto bravi, non ci sono tutte queste opportunità, quindi se trovano qualcosa che li interessa veramente lo fanno anche se il ritorno economico non è poi così vantaggioso.

Spesso nei film australiani, come in quelli di altre cinematografie economicamente più deboli, viene inserito "a forza" un personaggio straniero interpretato da un attore americano, inglese o europeo famoso nella speranza che un nome conosciuto aiuti a vendere il film
all'estero. È' per questo che nel film *Spotswood* hai voluto Anthony Hopkins?

È' vero che, soprattutto i produttori e i distributori ti fanno sempre un po' di pressione in questo senso ma non è stato il caso di *Spotswood*. Quando abbiamo scelto Hopkins per la parte non era ancora uscito *Il silenzio degli innocenti* e, proprio per esigenze di copione, avevamo bisogno di un attore straniero che interpretasse il boss, possibilmente inglese o di origine britannica, che si rapportasse da straniero con la manodopera australiana. In tutta onestà posso garantirti che si è trattato solo di una scelta di tipo artistico. Certo, il fatto che poi abbia avuto un Oscar e stata per noi una bella fortuna!

Per *Cosi* invece hai voluto solo attori australiani ...

Si. La Miramax inizialmente ha storto un po' il naso, ma poi li abbiamo convinti che l'introduzione di un personaggio straniero nella storia solo per motivi di distribuzione avrebbe finito col danneggiare il film. Vorrei però aggiungere una cosa, e cioè che l'Australia è un paese multi culturale e una grossa parte della popolazione parla l'inglese come seconda lingua o comunque con un accento non britannico. Il fatto che nei film ci siano spesso personaggi stranieri non è sempre e solo una cinica scelta di tipo economico. Spesso riflette solo questo aspetto della nostra cultura.

Ho letto che sia *Spostwood* che *Cosi* sono stati finanziati grazie alla "chook raffle", la riffa del pollo. Ma che cos'è?

Chook raffle è un modo di dire australiano che si riferisce a quando nei pub di campagna, il sabato sera, si vendevano i biglietti della riffa il cui premio, estratto a sorte, era un pollo. È un modo colorito di chiamare la lotteria.

L'iniziativa prendeva il nome di Feature Film Found ed era parte del piano di finanziamento da parte della AFFC . Tra tutti i progetti dal budget inferiore ai due milioni e mezzo di dollari ne venivano selezionati tre, (in seguito divennero cinque), per i primi due l'AFFC cercava i fondi tra i vari produttori e distributori privati, mentre il terzo veniva finanziato interamente con i fondi a disposizione dell'AFFC, senza bisogno, da parte dei realizzatori, di presentare garanzie aggiuntive, tipo la prevendita dei diritti alle televisioni ecc. ecc. Era una specie di fondo fiduciario che rappresentava un vantaggio enorme per coloro che riuscivano ad esserne i beneficiari, perché ti permetteva di passare subito alla fase produttiva del film, senza doverti preoccupare di altro.

Tu sei di Melbourne ma ti sei trasferito a Sydney. Si sente spesso parlare della competitività, a livello cinematografico, tra queste due città, e del fatto che il cinema di una sia molto diverso da quello dell'altra. Cosa c'è di vero?

La diversità principale tra queste due città è legata ad un fattore di tipo climatico. A Melbourne fa più freddo e piove di più. C'è un clima di tipo inglese che si riflette sulla cultura, a sua volta più inglese. Si vive molto in casa e se si va fuori ci si va per andare a tetro, al cinema o al caffè.

Sydney è molto più "californiana", fa più caldo, piove di meno, si esce molto e si fa molta più attività all'aria aperta.

Il cinema delle due città riflette un po' il carattere della gente che è influenzato da questa diversità climatica-culturale. Ma non c'è tutta questa gran diferenza.

Devo ammettere però che la gente di Melbourne è un po' più aggressiva e tende ad insistere di più sulla diversità con la gente di Sydney.

Per esempio, quando è uscito *Cosi* alcuni si sono un po' risentiti per il fatto che sia io che Louis (Nowra, sceneggiatore del film, ndr) ci siamo trasferiti a Sydney da Melbourne. Con un atteggiamento un po' infantile lo hanno considerato una specie di tradimento. Che ci vuoi fare?

Una volta Peter Weir mi ha raccontato che quando, alla fine degli anni Sessanta, ha deciso di diventare un filmmaker, la sua famiglia non ha visto questa sua decisione di buon occhio. Mi spiegava infatti che all'epoca l'Australia era molto più conservatrice e le famiglie di emigranti che avevano lottato per assicurare un'educazione ed un futuro ai propri figli non consideravano la carriera in campo artistico sufficientemente solida. Per te è stata la stessa cosa?

No. Io non sono nato in Australia, sono nato in Russia. Sono emigrato qui insieme alla mia famiglia

nel 1961. I miei genitori hanno lavorato molto duramente per assicurarci un tipo di vita migliore. Ho due fratelli più grandi che hanno intrapreso carriere meno artistiche della mia, ma io sono potuto andare all'università.
In realtà non sapevo bene cosa volevo fare e mi sono ritrovato a lavorare in televisione e da lì poi sono passato al cinema. I miei genitori non hanno mai opposto obiezioni a questo tipo di carriera. Anzi, loro mi hanno incoraggiato. Eri invece io quello che si preoccupava e che non aveva fiducia nelle proprie capacità.

PAULINE CHAN

Attrice, regista

Sei di origine cinese, se non sbaglio. Come sei arrivata in Australia?

Sono cresciuta in Vietnam ma sono stata cresciuta secondo la cultura cinese, perché mio padre è vietnamita ma mia mamma è cinese. Ho frequentato la scuola di lingua mandarina in Vietnam e poi ci siamo trasferiti ad Hong Kong, e li ho fatto il liceo. Quindi sono perfettamente bilingue e sento di appartenere ad entrambi le culture che, peraltro, sono abbastanza simili. Si basano entrambi sull'ideale di lealtà e sui principi confuciani, come la pazienza.
Sono emigrata in Australia nel 1982 perché la mia famiglia voleva lasciare Hong Kong prima che venisse restituita alla Cina. Mia madre è stata perseguitata in Cina quando il paese è stato invaso dai Giapponesi, ed è scappata in Vietnam all'inizio della seconda guerra mondiale. Poi si è sposata con mio padre ed è rimasta lì. Alla fine la mia famiglia

ha scelto di trasferirsi in Australia perchè voleva mettere finalmente radici in un paese che non fosse costantemente tormentato da problemi politici.

Pur essendo un paese che ha fatto della multiculturalità un punto d'orgoglio esiste ancora un bel po' di razzismo in Australia, soprattutto verso le persone di origine asiatica. Come mai?

Gli asiatici sono gli ultimi arrivati e di conseguenza sono quelli che subiscono una maggiore discriminazione. E' stata molto forte fino agli anni Settanta. Poi, per fortuna, le cose hanno cominciato a cambiare ed esistono solo poche sacche di razzismo qua e là.
Una volta, soprattutto negli anni Cinquanta e Sessanta, c'era quest'idea di mantenere l'Australia "bianca", ma già negli anni Settanta le Nazioni Unite hanno esercitato una notevole pressione sul governo australiano affinche accogliesse un numero sempre crescente di immigrati e rifugiati politici asiatici, provenienti soprattutto dal Vietnam e dalla Cina. Adesso gli australiani di origine asiatica costituiscono una grossa parte della popolazione del nostro paese, ma penso che gli australiani di origine europea abbiano comunque, per così dire, un certo timore di veder svanire la matrice anglosassone della loro cultura.

Come te lo spieghi?

Perché pur essendo l'Australia un paese colonizzato

dagli anglosassoni e dove la cultura prevalente è quella di stile europeo,
si tratta comunque di una terra che geograficamente è parte dell'Asia e storicamente si è' sempre temuta un'invasione da parte delle popolazioni limitrofe. Inoltre gli asiatici sono un po' come i neri: è più facile identificarli per via dei tratti somatici così diversi da quelli europei. Quello che sto cercando di dire è che se finalmente albanesi, greci, italiani, spagnoli ed arabi si sono più o meno felicemente integrati nel sistema anglosassone e si distinguono a fatica dagli altri di origine europea o nordafricana, con gli asiatici è un po' più complicato perché anche dopo due o tre generazioni, pur parlando l'inglese senza accento e vivendo alla occidentale, mantengono comunque, ad esempio, gli occhi a mandorla, e questo li rende "diversi".
Dagli anni Novanta però le cose hanno cominciato a cambiare e anche molto velocemente. Adesso l'Asia rappresenta un mercato importantissimo e per questo motivo assistiamo ad una grande apertura ed interesse nei confronti della sua cultura e della sua gente da parte degli australiani.

Pensi che fare del cinema in Australia sia più facile o difficile che in altri paesi?

Trovo che l'Australia sia un paese molto più tranquillo e molto meno competitivo di altri, almeno per un artista. So che molti australiani non saranno d'accordo con me, ma io che vengo dalla

Cina e che ho visitato parecchi paesi stranieri, posso dirti che qui il tipo di pressione cui la gente è sottoposta è molto inferiore a quello che subite voi in Europa ad esempio.
E non parlo solo dal punto di vista della sopravvivenza, che in paesi come la Cina rende per forza le persone molto più aggressive, ma anche dal punto di vista dell'oppressione che la storia e la cultura esercitano sull'individuo.
Quando sono venuta in Italia, ad esempio, ero completamente estasiata dalla bellezza e dalla quantità di opere d'arte che mi circondavano, ma mi sentivo anche un po' intimidita, soffocata, da tanti millenni di storia precedente. Mi chiedo come debbano sentire gli studenti delle scuole d'arte, bombardati come sono da migliaia di anni di lavori artistici, correnti, stili e modi di esprimersi che li hanno preceduti, e in un certo senso sono contenta di essere australiana, perché se avessi studiato in Europa non mi sarei sentita in grado di esprimere un mio punto di vista, di prendere una posizione, perché probabilmente non averei trovato uno spazio in cui farlo.
Quando sono andata al Louvre ed ho visto tutti quei dipinti, tutte quelle statue, tutti quegli stili diversi mi sono chiesta cos'avrei potuto aggiungere io di mio a tutto quello?
Mi sembrava che tutto fosse già stato fatto e detto e che qualsiasi nuovo tipo di espressione artistica sarebbe stata inevitabilmente paragonata a quelle del passato.

In Australia invece tutto è relativamente nuovo e almeno non si rischia un continuo confronto con i geni delle epoche precedenti.

Ma non ti mancano l'arte e la cultura cinesi? Non ti senti un po' persa in questo groviglio di culture miste a quella anglosassone? Oppure ti ci trovi a tuo agio ?

Mi trovo bene in Australia. In Cina l'arte è come morta, bloccata, poichè ha raggiunto un suo apice tempo addietro e guai ad introdurre delle modifiche. Ma io sento che è giunto il momento di fare qualcosa di nuovo. Non possiamo continuare a dipingere gli stessi paesaggi nello stesso stile in voga da quattromila anni.

Eppure c'è questo immobilismo, questo conformismo forzato, e le cose non miglioreranno finchè non ci sarà una sorta di terremoto e l'arte verrà distrutta e potrà rinascere dalle sue ceneri, come la Fenice. Per il momento tutte le novità sono condannate, e questo vale per tutti i tipi di espressione artistica, dalla pittura, al teatro, alla musica. O ci si rifà ai modelli tradizionali o si copia l'occidente, ma guai a creare una contaminazione, ad inventare qualcosa di diverso. E' un vero problema e le cose non cambieranno finchè la gente non cambierà prospettiva nei giudizi. Per questo credo che l'Australia sia un paese ideale, con tutti i suoi difetti.

E' un paese con una popolazione così ridotta e così eterogenea. Tutti sono diversi e quindi non esiste uno stile, una cultura, un modo di comportarsi. Ci si sente molto liberi di esprimersi e di esprimere ciò che si sente e che si desidera comunicare.

Che differenze hai notato tra l'industria del cinema australiano e quella del cinema americano?

In America, soprattutto ad Hollywood, quando parli di un film o racconti una storia, subito viene paragonata o associata a qualcosa con la quale il tuo interlocutore ha una certa familiarità. E questo vale anche per Hong Kong e per la Malesia. Nel loro cinema esiste una tendenza a ricalcare formule consolidate, a fare e rifare un film che ha avuto successo, e non a caso Hollywood è la patria dei sequel, che continuano ad essere sfornati uno dopo l'altro finchè la storia e i personaggi sono stati sfruttati fino in fondo.

In Australia questo non succede. Se qualcuno ha fatto un film di un certo tipo in genere poi fa qualcosa di diverso, e penso che siamo tutti molto orgogliosi della nostra originalità. Forse siamo un po' ingenui ma, almeno nella stragrande maggioranza, consideriamo ancora il cinema una forma d'arte e non solo un'impresa commerciale. Molti ci criticano per questo e ci ritengono degli snob per questo nostro atteggiamento, ma a noi va bene così.

Pensi che in Australia il cinema che racconta storie "non anglosassoni", cioè legate alle culture delle cosiddette minoranze etniche abbia una vita più

facile rispetto a quella che ha negli
altri paesi ?

In un certo senso si.Personalmente trovo che il governo australianoabbia fatto grandi sforzi per mantenere vivo l'aspetto multiculturale del nostro cinema. Oltre ad un folto numero di
produttori coraggiosi che non si lasciano scoraggiare da una sceneggiatura non esattamente commerciale, e guarda che parlo di almeno un buon cinquanta per cento dei produttori australiani, esiste ad esempio una commissione governativa che ha il compito di esaminare le sceneggiature ed assicurarsi che qualora comprendano temi estranei alla cultura anglosassone e legati invece ad una delle cosiddette culture minoritarie, li trattino con estremo rigore.
Tuttavia quella della "correttezza politica" puo trasformarsi in un'arma a doppio taglio perché spesso è difficlie tracciare i confini tra ciò che è corretto e ciò che non lo è. Ti faccio un
esempio: se uno dei personaggi del tuo film è un aborigeno, un cinese o un turco nessun problema. Ma se si tratta di un aborigeno, di un cinese o di un turco che sono i cattivi della situazione, allora rischi di essere accusato di razzismo e
quel tipo di controllo che dovrebbe assicurare il rispetto di una certa cultura, si trasforma così in una forma di censura.

Trovi che il rapporto tra il cinema australiano e quello americano sia cambiato?

Dalla metà degli anni Ottanta l'America ha cominciato a mostrare nei confronti del cinema australiano un interesse sempre maggiore.
La stessa Hollywood sembra essersi stancata dei film prodotti in maniera industriale ed ha cominciato a notare che nel cinema australiano vengono esplorate nuove tecniche, nuovi stili. Hanno capito che i filmmaker del nostro paese non hanno paura di sperimentare e questo per loro è interessante.
Più questo tipo di interesse cresce, più gli australiani devono stare attenti a non farsi risucchiare nel sistema americano e perdere così la propria autonomia, la propria creatività e la propria originalità.

Traps è stato il tuo primo film da regista e lo hai girato in un paese straniero e non esattamente comodo come il Vietnam. Non ti spaventava l'idea che oltre ad essere la tua prima volta dietro alla macchina da presa, con tutte le responsabilità e lo stress che ciò comporta, dovevi muoverti e far muovere la tua troupe in un territorio straniero, con una cultura ed una lingua che per molti di loro era sconosciuta e con tutte le difficoltà annesse e connesse?

E' vero. Ma la scelta di girare in Vietnam è stata dettata dalle esigenze di copione. Il produttore aveva opzionato i diritti del romanzo e quello che io desideravo era arricchire la storia creando tutta una serie di sottotesti attorno al nucleo centrale. La

situazione di crisi nel rapporto tra i due protagonisti poteva essere resa più interessante se immersa in una situazione di crisi
politica. Inoltre ho sentito di dover trasportare la storia in un paese e in un tempo in cui una figura di donna completamente
dominata dal marito risulti credibile.
Quando i vietnamti si ribellano contro gli invasori e reclamano la propria identità, tale crisi riflette quella della donna. Ho scelto il Vietnam perché conoscevo bene quella cultura. Se lo avessi ambientato in Africa o in Indonesia avrei avuto difficoltà ancora maggiori.
Tecnicamente e da un punto di vista logistico è stato un po' un incubo per tutti, ma le difficoltà ci hanno reso più uniti e siamo stati poi tutti felici dei risultati ottenuti. Inoltre quando scelgo di dirigere un film non lo faccio mai sulla base della praticità del lavoro, altrimenti racconterei sempre e solo storie di coppie in una stanza che, almeno tecnicamente, non sono troppo complicate da girare.

Nel cinema australiano le relazioni uomo/donna non funzionano quasi mai. Se viene raccontata la storia di una coppia rarissimamente il film si conclude con un lieto fine, cosa che invece sembra essere una prerogativa dei film di molte altre cinematografie. Come mai?

Penso che gli australiani siano un popolo piuttosto cinico per quel che riguarda l'amore e le relazioni affettive. Il nostro cinema riflette la realtà. Più del cinquanta per cento dei matrimoni nel nostro paese falliscono.

Ma questo succede anche in America ...

Si, ma gli americani sono molto più idealisti di noi. I loro film funzionano da un punto di vista commerciale perché danno al pubblico una speranza e quando escono dal cinema le persone si sentono sollevate. Ma quel genere di film per noi è un po' troppo falso e sdolcinato.

HUGO WEAVING

Attore, doppiatore,
produttore

Dove sta andando il cinema australiano?

Il cinema australiano sta diventando sempre più multiculturale, un cinema dove finalmente hanno una voce tutte le varie etnie che sono
riunite nel paese.
Fino a dieci o dodici anni fa con i nostri film
si cercava di creare una storia, di fornire un passato, delle radici, alla gente che, pur essendo nata in quel paese, si sentiva ancora sradicata e come cultura di riferimento aveva ancora quella anglosassone.
Adesso nessuno si preoccupa più di diffondere un immagine folkloristica del paese. Il cinema è maturato e l'obiettivo principale ora è quello di raccontare una storia, senza preoccuparsi troppo di cosa penserà il resto del mondo degli australiani e dell'Australia, quando vedrà il film.

Trovi che le opportunità di lavoro

per un attore in Australia si stiano finalmente moltiplicando?
Si, ma non ancora abbastanza. Per questo cerco di lavorare anche all'estero. Fortunatamente ho un passaporto inglese quindi non ho problemi a lavorare in Inghilterra o in altri paesi della CEE.
Invece non mi interessa molto lavorare in America.

Hai mai pensato di scrivere e dirigere un tuo film?

E' una cosa che mi piacerebbe fare, ma non mi sento ancora pronto.

Se potessi cambiare qualcosa nell'industria del cinema in Australia, cosa sarebbe?
Incrementerei il numero dei film realizzati ogni anno. In Australia sono ancora molto pochi e per un attore è quasi impossibile fare più di un film all'anno, altrimenti sul grande schermo si vede sempre e solo la tua faccia. Questo è un vero handicap per gli attori australiani perché, oltre ai guadagni limitati, è difficile migliorare professionalmente facendo così poca pratica.

Sei uno che ama lavorare nel cinema ogni volta che può oppure ti prendi delle pause per fare altre cose?
Lavoro spesso in teatro e anche in televisione televisione. Mi piace anche fare delle pause tra un lavoro e l'altro. Non è sempre semplicissimo, ma mi piace trascorrere del tempo con la mia famiglia.

RUSSELL CROWE

Attore, regista, produttore

Uno dei personaggi che ti hanno reso famoso è stato quello di Hando, il leader degli skinheads nel film *Romper Stomper* (*Skinheads*). Quel film ha avuto un discreto successo in vari paesi, ma ha scatenato molte polemiche in Australia. Come mai?

Penso che trattandosi di un film che metteva a nudo certi aspetti negativi della nostra società, per molti non è stato facile mandarlo giù. A gran parte degli austaliani non piace che il loro paese venga criticato o che venga messo sotto accusa il sistema.
Si illudono di vivere in un posto quasi perfetto, in una società egualitaria e molto democratica, dove fenomeni come il neo-nazismo, l'intolleranza razziale e la xenofobia non esistano. Ma questo significa solo nascondere la testa sotto la sabbia. *Romper Stomper* gli ha, per così dire, servito una scioccante dose di realtà per colazione.
Se fosse stato un film realizzato in maniera più superficiale avrebbe causato un malcontento

generale, ma Geoffrey Wright è un grande filmmaker ed ha firmato un film straordinario che la gente, pur odiandone il tema, non ha potuto fare a meno di vedere.

Tu sei di origine neozelandese...

Sono nato in Nuova Zelanda ma sono cresciuto in Australia. Sono tornato in Nuova Zelanda quando avevo 14 anni perché i miei genitori si sono ritrasferiti lìe ci sono rimasto per sette anni. Poi sono tornato in Australia, perché lì mi sentivo più a casa. Quella era la mia cultura ed in Nuova Zelanda, pur essendoci nato, mi sentivo un estraneo.

Quindi ti consideri australiano...

Completamente.

Ma adesso lavori perlopiù negli Stati Uniti...

Si. Ma continuo a vivere in Australia, vicino a Sydney. A Los Angeles ci vado solo per lavorare. Sono una specie di pendolare sul lungo raggio...

Quali sono i vantaggi e gli svantaggi per un attore autraliano che lavora ad Hollywood?

La professione è sempre uguale, ma in America si fanno film molto più costosi.
Uno dei principali vantaggi che ne conseguono sono i tempi di lavorazione più lunghi che consentono al filmaker di dedicare molto più spazio alla pre-produzione e alle riprese stesse,

e di utilizzare mezzi tecnici di gran lunga superiori a quelli di cui disporrebbe in Australia, a causa del budget ridotto.
Per questo i film australiani sono più intimisti.
Per dirla con le parole di David Cesar, il regista di *Idiot Box*: "Gli americani fanno i film su ciò che vorrebbero essere e gli australiani su ciò che sono".

Molti sostengono che per lavorare ad Hollywood si debba rinunciare in parte alla propria individualità creativa per conformarsi alle
leggi dell'industria del cinema americano. Tu che ne pensi?

Che dipende dal singolo filmaker o attore. Si sente sempre parlare del controllo che gli Studios esercitano sulla creatività dei loro artisti, ma se non vuoi subire quel tipo di interferenze, allora non fare un film con una grossa casa di produzione hollywoodiana. E se lo fai allora non rimanere sorpreso quando ti terrano sotto controllo e ti obbligheranno a dei compromessi perché è logico che chi ti mette a disposizione milioni di dollari vorrà avere voce in capitolo.
Se però dimostri di sapere ciò che fai e i tuoi film hanno successo, alla fine ti conquisti la fiducia dei produttori con cui lavori ed ottieni il controllo creativo totale, come nel caso di molti registi famosi.

Vai spesso al cinema?

Non più tanto spesso come una volta, ma sono anche

capace di guardare due o tre film in un giorno solo.

Che tipo di film preferisci?

Non amo molto il cinema cosiddetto commerciale perché rispetto a quello di una volta è diventato veramente troppo superficiale. Ti faccio un esempio: prendiamo una commedia romantica come *The Way We Were* (*Come eravamo*) . Era un film romantico, con una splendida sceneggiatura, i dettagli erano molto curati, era girato bene, aveva un messaggio serio ed era una bellissima storia d'amore.
Se lo riguardi oggi pensi che è incerdibile che fosse un blockbuster. Ma se lo avessero girato quest'anno, in America lo avrebbero considerato un film destinato ad un pubblico intellettuale, da cineclub. Così preferisco i film indipendenti ai blockbuster, perché mi danno quello che cerco in un film.
Mi piace che un film mi assorba completamente, che annulli in me ogni incredulità, che la storia sia coerente.
Alcune persone dicono di andare al cinema per "evadere", ma per me non esiste alcun tipo di evasione a meno che i dettagli non siano curatissimi.
Se devo solo guardare un sacco di inseguimenti in auto ed essere immerso in un continuo rumore di scontri preferisco starmene a casa a sentirmi un disco dei Sex Pistol!

E il teatro ti piace?

Non molto. Da quando ho cominciato a lavorare nel cinema non ho nemmeno più recitato in teatro.
Con quel tipo di arte ho lo stesso problema che ho con i film commerciali. Non riesce a coinvolgermi completamente e
quando esco dalla sala alla fine della rappresentazione, sono quasi sempre insoddisfatto. Quindi ho smesso anche di andarci.
Del recitare in teatro invece quello che mi disturba di più è che devi proiettare un certo tipo di emozione ad una distanza di duecento metri, affinchè possa raggiugere anche le ultime file. Mentre nel cinema è possibile rendere quella tale emozione molto più articolata comprimendola in gesti minimi, quasi impercettibili.
Per me tutto questo è molto più vicino al modo in cui la gente pensa, sente e si comporta nel mondo reale.
Il teatro è certamente una cosa meravigliosa ma per quel che mi riguarda lo considero un anacronismo. Il teatro di oggi è il cinema.

SCOTT HICKS

*Regista, sceneggiatore,
produttore*

Perdonami per il carattere un po' provocatorio di questa domanda ma mi sembra che alcuni dei film australiani di maggior successo, salvo poche eccezioni, riguardino famiglie disfunzionali o individui affetti da qualche disturbo mentale.
Come mai?

Sai, è vero ed è piuttosto strano, ma non so darti una spiegazione precisa del perché di questo fenomeno. D'altra parte si potrebbe girare la domanda al cinema di qualsiasi paese. Prendi ad esempio il cinema espressionista tedesco della prima metà del secolo : è l'espressione di una coscienza nazionale che si riassume nel lavoro di molti filmaker che lavorano in luoghi diversi. Condivido dunque questa tesi per cui un'idea comune che si agita sotto la superficie venga a galla simultaneamente in molti film diversi. Questa è l'unica spiegazione logica dietro al fenomeno di questa specie di ciclo di film.

Però, e correggimi se sbaglio, i registi australiani sembrano particolarmente interessati alla pazzia e all'emarginazione. Secondo te è qualcosa da collegarsi al senso di solitudine, di lontananza, di perdita delle radici che fa parte della vostra cultura sin dallo sbarco dei primi deportati nel vostro paese? Penso, ad esempio, al tuo film *Shine*, che, personalmente ho amato tantissimo...

Beh, *Shine* non è esattamente un film sulla pazzia, piuttosto sulla vita di un emarginato, un uomo che non riesce ad avere un rapporto "convenzionale" con la società in cui vive. Mi interessava la relazione tra tutto questo e i vertici massimi che riesce a raggiungere nell'espressione artistica, e alcuni dei pericoli che, come altri artisti, corre nel tentativo di reinventare nella realtà ciò che ci commuove e ci lascia senza parole. Come può accadere che qualcuno sparisca, venga dimenticato in un ospedale psichiatrico per anni, come nel caso di Helfgott?
Non è difficile. La sua storia è un esempio di quanto sia sottile la linea che separa l'essere qualcuno dal non essere nessuno al mondo
d'oggi. E, in un certo senso, a tutti succede di sperimentare dei momenti molto tragici, simili all'esperienza di Helfgott, e di avere la sensazione che ci stia crollando tutto addosso e che non riusciremo a sopravvivere.

Come hai fatto, in quel film, a mantenere il budget così relativamente basso pur lavorando con attori così famosi?

Beh, tecnicamente non è che stiamo parlando di star vere e proprie, nel senso hollywoodiano. Sono tutti attori molto bravi e molto conosciuti ma sono rimasto sciocccato quando ho saputo che la maggior parte delle persone presenti alla proiezione di prova - una folla campione scelta a caso in un centro commerciale di Denver - non avevano idea di chi fosse Sir John Gielgud. Quindi si tratta di attori che, per gli standard australiani ricevono compensi molto significativi perché godono di una ottima reputazione a livello
internazionale, ma i cui cachet sono comunque molto più ragionevoli di quelli delle star di Hollywood.

Anche girare all'estero fa crescere il budget...

E' vero. Abbiamo girato a Londra per soli sette giorni, ma ci è costato un patrimonio e quella parte delle riprese ha inciso
pesantemente sui costi di produzione, comunque in Australia siamo soliti lavorare con dei budget ridottissimi e questo ci ha abituato ad essere molto inventivi e allo stesso tempo anche molto pratici.
Devi essere pieno di risorse, veloce, deciso e preciso, perché spesso non hai la possibilità di girare una scenapiù di una volta. Questo è il tipo di cinema al quale siamo abituati.

Tu hai realizzato anche diversi documentari. Ami il

genere oppure avevi altre motivazioni?

Alcuni dei miei primi film sono finiti nel dimenticatoio perché non sono riuscito a trovare un distributore. Così li ho fatti uscire a mie spese. Per uno mi ci sono voluti quarantamila dollari, per proiettarlo unicamente ad Adelaide. Sapevo che alla gente sarebbe piaciuto ma in Australia
nessuno ha voluto crederci.
All'estero invece la distribuzione mi è stata letteralmente rubata da un distributore americano che non mi ha mai fatto avere un dollaro dei proventi ottenuti.
La cosa mi ha molto scoraggiato e così ho deciso di passare ai documentari perché ho pensato che almeno, visto che erano stati commissionati da qualcuno, non sarebbero poi rimasti sullo scaffale.
Per ironia della sorte anch'essi non hanno avuto molto successo in Australia ma sono piaciuti molto in America e all'estero in generale.
Nel frattempo ho continuato a lavorare a vari progetti cinematografici, cercando di ottenere un finanziamento e quindi non ho mai abbandonato l'idea di tornare allafiction, ma avevo anche deciso che non avrei realizzato questo film
finchè non fossi stato sicuro che qualcuno lo avrebbe poi distribuito e che il pubblico avrebbe potuto vederlo. Altrimenti sarebbe stato solo un enorme spreco di tempo, denaro ed energie.

Che tipo di regista sei? Uno che spiega le sue idee e poi lascia liberi gli attori di fare, o uno che impone il suo punto di vista?

Non credo nella figura di regista/tiranno. Non potrei lavorare in quel modo. Penso che quando scegli un attore lo fai proprio perché sei consapevole di ciò che apporterà di suo al personaggio che interpreterà. E' proprio per quella sua capacità di aggiungere qualcosa che lo scegli. Non sono marionette delle quali muovi i fili e io conto molto sulla creatività di ciascuno di loro. Il mio lavoro è quello di stabilite dei confini entro i quali lasciare espandere tale creatività, ma non di dire a loro ciò che devono fare.
Inoltre trovo che sia importante riuscire a guadagnarsi la fiducia degli attori sin dall'inizio, cosa che, soprattutto se si tratta di una prima collaborazione come nel caso di questo film, puoi solo fare provando loro quanto vali tramite il tuo lavoro. Alla fine, infatti, sullo schermo ci saranno loro e non tu, e se la tua regia non vale nulla, saranno loro comunque i primi a fare una pessima figura.

In genere il cinema in Australia si fa a Sydney, a Melbourne e un po' a Brisbane e credo che tu e Rolf De Heer siate gli unici due filmaker di Adelaide che ho mai avuto occasione di incontrare. Pensi di rimanere e continuare a fare film nella tua città o ti trasferirai altrove?

Vorrei continuare a vivere ad Adelaide e recarmi nei posti dove sarà necessario girare.
Ma Adelaide sarà comunque la mia base perché la mia famiglia vive lì, è un posto tranquillo, è lontano

dal caos delle grandi città e mi piace.
In tutti questi anni ho resistito alla tentazione di trasferirmi a Sydney e ora non intendo trasferirmi a Los Angeles, però posso fare avanti e indietro per lavorare lì o in qualsiasi altro posto.

Parliamo un po' dell'industria del cinema australiano. Voi vi sentite colonizzati, sfruttati, ostacolati, ricercati, rapinati, coccolati o cos'altro da parte dei produttori e dei talent-scout americani, giapponesi ed europei?

Sai, l'industria del cinema in Australia attorno al 1911 era un vero e proprio colosso, con una produzione di 72 film all'anno. Fu solo con l'avvento del sonoro che cadde in disgrazia e rimase nel limbo per circa quarant'anni. E persino quando l'Australia venne riscoperta dagli inglesi che se ne servirono come sfondo esotico per le loro storie, tipo *On the Beach* , un film degli anni Cinquanta, la casa di produzione straniera, che non ricordo bene se fosse inglese o spagnola, diede ordine di riportare tutte le apparecchiature - macchine da presa e tutto il resto - in Europa.
Quando si resero conto che i costi di spedizione erano troppo alti, diedero disposizioni molto precise affinchè il tutto venisse gettato in mare e non venisse lasciato assolutamente in mani australiane. Un atteggiamento veramente colonialistico: non dategli alcun mezzo per produrre film da soli, devono importare i nostri!

Pensi che sia cambiato qualcosa nel cinema australiano negli ultimi anni?

Beh, la cosa più ovvia è stata la massiccia produzione di film che ha seguito l'introduzione della legge 10 BA relativa agli sgravi fiscali per chi investiva nel cinema, e la creazione della FFC, la cosiddetta "banca del cinema". Ovviamente queste due novità hanno portato con se anche tutta una serie di conseguenze negative.

La legge 10 BA, ad esempio, ha consentito a molti filmaker di ottenere fondi, purchè i loro progetti rientrassero nelle normative previste dalla legge, senza essere costretti a far capo ad un unica fonte di finanziamento. Una delle conseguenze negative però è stato lo sfruttamento della situazione unicamente a scopo di lucro da parte di persone che spesso non avevano nulla a che fare col cinema e che non si sono preoccupate affatto della qualità dei film in cui inestivano il loro denaro.

Ci sono stati pertanto numerosi tentativi di finanziare completamente alcuni progetti a bassissimo costo, ma ciò ha fatto si che solo pochi dei film prodotti fossero di ottima qualità e probabilmente solo un paio hanno poi avuto un grande riscontro di critica e pubblico.

Molti dei piccoli film prodotti non sono nemmeno mai arrivati nei cinema, e come vedi dunque ogni sistema ha i suoi limiti. In ogni caso il lato positivo della cosa consiste nell'esistenza, comunque, di una qualche sorta di finanziamento messo a disposizione dal governo a supporto dell'industria del cinema australiano che, senza di ciò non esisterebbe affatto.

NICHOLAS HOPE

Attore, produttore

Quali sono i vantaggi e gli svantaggi per un attore che vuole
lavorare in Australia? E come affronti tu le difficoltà, sempre ammesso che ne incontri?

Per un attore non esistono molti ruoli a disposizione in un paese piccolo come l'Australia. Ovviamente per piccolo intendo con una popolazione molto ridotta, anche se il territorio è immenso.
Ma rimanere seduti ad aspettare che qualcuno si presenti alla tua porta per offrirti una parte adatta a te in un film favoloso sarebbe chiedere un po' troppo perfino alla fabbrica dei sogni. Per far fronte al problema la cosa migliore è cercare di lavorare anche in altri paesi, proponendoti a registi che stimi e con i quali ti pacerebbe lavorare. E' proprio così che ho ottenuto la parte nel film di Hal Hartley (*Henry Fool*, ndr). Mi sono spostato in America.
La cosa più difficile, in realtà, è cercare di lavorare in maniera continuativa, ma credo che sia una cosa che

succede un po' dovunque.
Più che altro è un problema legato al fatto che da noi non si producono così tanti film all'anno come, ad esempio, negli Stati Uniti. Inoltre, in Australia, c'è un po' la tendenza ad usare
sempre gli stessi attori che ormai hanno un nome.
Inoltre, a volte, c'è da parte di molti registi una
vera avversione nello scritturare un attore in un ruolo opposto a quello che ha interpretato nel film precedente.
Solo alcuni lo fanno, per esempio Pauline Chan, con risultati peraltro ottimi, perché introducono un elemento-sorpresa nel film.
Ma la maggior parte dei filmmaker sono contrari. Quindi direi che lavorare abbastanza spesso ed essere scritturati in ruoli diversi sono alcune delle cose più difficili, in Australia.
Per quel che riguarda invece i vantaggi per un attore che lavora in questo paese è che le troupes sono formate da gente simpatica e molto professionale, che l'Australia è un paese spettacolare dal punto di vista geografico e che quindi ti permette di visitare posti meravigliosi, e che gli attori e i registi con cui lavori sono gente che, anche magari essendo famosissima nel resto del mondo, non accampa mai pretese assurde e non fa capricci, come succede ad esempio nel caso delle star hollywoodiane.
Un altro dei vantaggi per chi lavora nel cinema in Australia è che una volta che sei sul set, non esistono discriminazioni stupide legate ad altrettanto sciocche gerarchie e tutti lavorano in

squadra verso un obiettivo comune che è quello di ottenere il miglior risultato possibile.
Non esistono quelle assurde distinzioni tra attori e membri della troupe che trovi in altri paesi. Tutti collaborano.

Mi sembra che una delle tendenze nel nuovo cinema australiano e di molta parte del cinema in generale sia quella di lavorare sempre con le stesse persone, formando una specie di squadra fissa...

È ovvio, perché lavorare con un gruppo di persone che conosci da tempo e con le quali hai stabilito un ottimo rapporto di fiducia ti consente di correre rischi maggiori e anche di realizzre qualcosa che sia il risultato di uno sforzo collettivo e non la proiezione di un solo ego smisurato.
Il lavoro di squadra ti costringe a moderare il tuo egoismo. Se invece lavori con gente che non conosci, non sei portato a cercare di fare delle cose fuori dall'ordinario perché la fiducia negli altri è comunque minore. Sei meno propenso a correre dei rischi e pertanto sei meno creativo, o comunque meno originale.

Tra un film e l'altro mi sembra che tu lavori molto in teatro e in televisione...

Non così tanta televisione. È difficile fare delle cose per la televisione che siano di ottima qualità.
Inoltre penso che in televisione si imparino, dal punto di vista della recitazione, troppe cattive

abitudini.
Il teatro è tutta un' altra cosa. È un fantastico modo di estendere le proprie capacità.
Alla prima dello spettacolo pensi di essere al massimo e invece, come per incanto, se lavori con dei bravi attori, continui a tirare fuori ogni giorno qualcosa di diverso, qualcosa di più, che continua a crescere per tutto il periodo in cui lo spettacolo va in scena. Questa è una cosa che non succede nel cinema e tantomeno in TV, dove i tempi di lavorazione sono ancor più veloci.

Hai parlato di cattive abitudini. Cosa intendevi dire?

Proprio questo. In televisione tutto accade rapidissimamente. Si lavora a ritmi forsennati e tutto sommato non ha molto a che vedere con la recitazione, con l'interpretazione del personaggio. Si lavora molto più sulla scena. E questa può essere una cattiva abitudine.
Si puo fare televisione senza partire da una base intellettuale o intuitiva. Quello che conta è solo quello che funziona sul monitor in quella scena. Nient'altro. E se nel cinema devi essere molto più contenuto che in teatro, in televisione devi quasi scomparire, perché la maggior parte delle riprese sono dei primi piani.

È stato complicato per te passare dal teatro al cinema?

Direi di no. Anche se prima di *Bad Boy Bubby* avevo

praticamente recitato solo in teatro, il passaggio al cinema non è stato poi così faticoso, perché quel film era quasi interamente basato sul mio personaggio e richiedeva solo un tipo particolare di
recitazione legato allo stile molto originale della storia.

E dei film australiani in generale cosa ne pensi?

Una delle cose un po' tristi della nostra cinematografia è che spesso si può notare una certa tendenza ad emulare quello che accade negli Stati Uniti, a copiarne le mode, gli stili.
Oppure, se capita che un film australiano abbia un grande successo all'estero e sia accolto bene dalla critica internazionale, ecco allora che se ne comincia a produrre di simili perdendoci ovviamente in qualità e in originalità. Per riassumere, spesso è il mercato internazionale a dettare le regole dello stile e dei contenuti.
Altro problema è che, essendo il mercato interno australiano piuttosto piccolo, si punta spesso al mercato statunitense e si finisce con il ricalcare delle formule che lì hanno successo, con risultati però non altrettanto felici.
Grazie a Dio, comunque, ci sono in Australia anche tutta una serie di registi che lavorano con budget ridotti e che quindi non devono organizzare il loro lavoro secondo precise regole
di mercato.

Bad Boy Bubby ha avuto molto successo, non solo

in Australia ma anche all'estero. Cos'è camabiato, se qualcosa è cambiato, nella tua vita dopo quel film?

Beh, la mia vita è completamente cambiata soprattutto a livello personale. Mi sono trasferito da Adelaide a Sydney, ho rotto con la mia vecchia fidanzata, ho cominciato una nuova relazione e anche a lavorare molto più intensamente nel cinema. Sono cambiati perfino i miei sogni e le mie aspirazioni. Mi è stata offerta la possibilità di lavorare anche all'estero.

Qualche rimpianto?

Il ruolo così intenso e così ricco di possibilità come quello di Bubby lo ha reso impareggiabile.
A volte rimpiango che quel ruolo non mi sia stato offerto in seguito, magari dopo anni. Si è trattato veramente di un personaggio straordinario e mi ritengo veramente fortunato per il fatto che sia stato offerto a me. Interpretarlo è stato molto
soddisfacente e mi ha aperto un sacco di strade, ma ne ha anche chiuse altre, perché la maggior parte della gente che lavora nell'industria del cinema australiano ha continuato per anni ad identificarmi con quel personaggio.
La prima cosa che mi hanno offerto dopo quel film è stata infatti una serie televisiva
in cui il personaggio principale è un uomo che è rimasto chiuso in una stanza per anni e quando esce vede tutto in maniera diversa dagli altri.
In conclusione Bubby mi ha permesso di entrare

in maniera definitiva a far parte del mondo dello spettacolo, una cosa che speravo da sempre. È un mondo meraviglioso e come attore è veramente straordinario pensare di poter essere considerati da qualcuno un veicolo attraverso il quale poter esprimere la propria visione e raccontare una storia sul palcoscenico o in pellicola.

RICHARD LOWENSTEIN

Regista, sceneggiatore, produttore, videomaker

Il cinema australiano è un cinema molto autoriale, con i registi molto spesso scrivono loro stessi le sceneggiature dei propri film ....

E' vero. Se guardi alla storia del cinema australiano ti rendi conto che è fatta principalmente da registi/sceneggiatori e che non esiste veramente una categoria di scrittori per il cinema. Non abbiamo una tradizione di supporto collaborativo per l'industria dei filmakers.

Come mai?

Perché questo paese sforna registi, non sceneggiatori.
Già a scuola, prendiamo ad esempio la Swinburne

Film & Television School, quella che ho frequentato io, l'attenzione è tutta centrata sui registi. Stessa cosa all'interno e all'esterno dell'industria stessa. Non si sente mai parlare del fantastico montatore di Jane Campion, o della straordinaria sceneggiatrice di Gillian Armstrong.
I ruoli sembrano molto più diversificati all'interno dell'industria televisiva.

Mi sembra che ci siano molti più sceneggiatori per la tv nel vostro paese...

Si, perché gli sceneggiatori di cinema, per sopravvivere, devono comunque lavorare per la televisione e questo spesso compromette il loro modo di scrivere per il grande schermo.
In televisione, infatti, ci sono regole molto diverse e se le infrangi e produci qualcosa che non ha successo, sei destinato a rimanere disoccupato da lì in poi.
Così ci si adegua a quel tipo di linguaggio e di formato, e alla fine non si è più capaci di scrivere per altri media.

Credevo che esistessero delle sovvenzioni governative per lo sviluppo delle sceneggiature...

E' vero, ma le sovvenzioni australiane sono molto inferiori rispetto a quelle americane o europee. Parliamo di circa 15 mila dollari australiani (circa 8 mila euro) per un anno di lavoro.
E poi passa un sacco di tempo prima che la

sceneggiatura trovi un finanziamento. La proponi perché pensi che sia finita e ti dicono che la devi ampliare, modificare, rivedere, riscrivere. Intanto gli anni passano.
In genere quando arriva il momento di girare un nuovo film io mi sono dimenticato di come si fa e devo reimparare tutto daccapo.

Tu comunque tendi a dirigere materiale tuo…

Si, ma non perché credo nella figura del regista/sceneggiatore come l'unica possibile. Billy Wilder non lo è mai stato. Sarei felice di dirigere sceneggiature altrui, se ne trovassi di buone. Ma in questo paese, proprio per il problema di cui parlavamo prima, non puoi rimanere lì ad aspettare di imbatterti in una buona sceneggiatura perché rischi di aspettare per tutta la vita.
Con questo non intendo gettare fango sugli sceneggiatori. Spesso hanno molti più problemi
dei registi perché almeno noi, una volta approvata la sceneggiatura, otteniamo delle altre sovvenzioni che ci permettono di tirare avanti ancora un po', mentre loro devono subito trovarsi un altro lavoro.
Sono pochi i casi in cui uno sceneggiatore australiano ha successo e, quelle rare volte che succede, tutti vogliono lavorare con lui o con lei, e gli altri restano al palo.

La sceneggiatura di "Ghost Story", che hai diretto per una serie di film per la TV australiana non era tua, ma ci risiamo, si trattava di un film per la TV…

Si, ma si è trattato di un'esperienza singolare. Quando Jen Chapman mi ha contattato mi ha detto subito di dimenticarmi che si trattava di un episodio per una serie televisiva. La sua proposta era quella di fare un film di un'ora, senza essere soggetto alle ferree regole del piccolo schermo.
Lo abbiamo girato in super 16 mm ed è stato esattamente come fare un piccolo film, in un linguaggio da cinema e senza compromessi di sorta. La sceneggiatura non era mia, ma con lo sceneggiatore, Tony Ayres, c'è stato un rapporto di totale collaborazione. Abbiamo discusso a lungo, apportato alcune modifiche al copione e alla fine io ho dato al tutto la mia impronta registica.

Al di là di questi problemi mi sembri comunque soddisfatto di lavorare nel tuo paese, a differenza di altri che preferiscono emigrare ad Hollywood...

Amo il mio paese. Trovo che la nostra industria del cinema abbia un carattere suo proprio. Sono contento del fatto che non ricalchiamo le impronte del cinema hollywoodiano.
E' vero che da un lato è molto più faticoso lavorare qui, ma d'altro canto, possiamo permetterci di avere uno stile tutto nostro, se vuoi molto più simile a quello europeo.
Il nostro è un cinema relativamente povero, ma fatto di passione.
Molti registi australiani , dopo un primo film di successo, si lasciano abbagliare del miraggio della

maggiore popolarità e dei maggiori guadagni e se ne vanno oltreoceano. Poi la gente si domanda "ma cosa è successo ai suoi film?".
Il problema rimane sempre lo stesso. Vuoi diventare famoso ed avere mezzi maggiori a tua disposizione ma accettare tanti compromessi, o vuoi continuare a fare film più piccoli ma di grande qualità?

In altre parole, vuoi essere come George Miller e diventare una star di Hollywood o come Paul Cox che continua a seguire un modello europeo di qualità per i suoi film di basso costo e non si lascia ammaliare dalle promesse del successo commerciale?

Però, nel caso di Cox e simili, è difficile poi trovare una distribuzione...

Il vero problema infatti è quello. I distributori e il razionalismo economico creano una vita difficile a questo tipo di filmakers perché non vogliono rischiare in film che non garantiscono un rientro economico di un certo tipo.
La carriera di Paul Cox rappresenta un perfetto esempio di ciò che è successo alla distribuzione australiana. Negli anni
Ottanta Paul faceva circa un film all'anno e tutti sono stati distribuiti, almeno nel circuito dei cinema d'essai.
Questo fino al 1993. Gli ultimi tre film non sono stati distribuiti perché nessuno se l'è sentita di rischiare. Perché? Scarsa pubblicità, la monopolizzazione esercitata dalle grandi catene di

sale cinematografiche. Perché affaticarsi tanto per un film di Paul Cox quando si sa già che non attirerà pubblico a frotte?
E che scopo c'è a girare film se poi rimangono sullo scaffale? Ecco, questo è un esempio pratico del trend della nostra industria del cinema.

Nonostante tutto e nonostante le molte offerte che ti sono arrivate da Hollywood tu hai deciso, come Cox, di rimanere in Australia...

L'ho fatto per un sacco di motivi. Prima di tutto ho notato che molti dei miei compatrioti che sono emigrati lì non se la sono cavata poi così bene, come Michael Pattison, che poi è rimasto disoccupato.
Alcuni ci sono andati troppo tardi, altri troppo presto, ed altri si sono, per così dire, "persi"...
Dopo *Dogs In Space* (*Cani nello spazio*) mi hanno offerto parecchi film anche grandi, come *Robocop 2* o simili, ma non ho voluto spostarmi e lavorare lì. Los Angeles non mi piaceva molto, mi mancava il mio gatto e poi per realizzare un film ci vuole tanto di quel tempo e come ha detto Tarkovsky , una volta che ti vendi poi non puoi più tornare indietro, e anche se alcuni dei miei colleghi argomentano che non si vendono ma in realtà sono loro ad avere il controllo, sono comunque un paio d'anni della tua vita che devi trascorrere laggiù.
E anche se poi si traducono in un'esperienza accettabile, il problema è comunque quello di vedere se vuoi veramente avere poi per sempre questa sorta di etichetta.

E' come un cappio al collo: può trattarsi di un legame piacevole ma può anche trasformarsi in una palla al piede. Non so se mi spiego: Se commetto degli errori, desidero che siano errori miei. *Say A Little Prayer* (*Se tu lo vuoi*) è stato un errore, almeno commercialmente parlando, ed è qualcosa di cui io sono responsabile. Non voglio fare degli errori per conto di altri e poi non poter più tornare indietro a causa di questa esperienza orrenda che ha lasciato una macchia indelebile sulla mia carriera.

Un altro problema è che non mi hanno mai offerto di dirigere una sceneggiatura che fosse veramente ottima. Mi sono arrivati dei copioni interessanti, ma avrei comunque avuto bisogno di lavorarci sopra per almeno sei mesi prima di poter cominciare a girare. Così mi sono sempre chiesto se fosse il caso di impiegare tutta quell'energia in un progetto che non era neppure mio, nel senso che non veniva dal mio subconscio, o che comunque non era qualcosa che rientrava nel percorso che stavo seguendo, che non seguiva la direzione che avevo preso per portare il mio modo di fare cinema, inteso come processo creativo- artistico, verso un certo tipo di risultato.

Ma qual'è la condizione ideale per te per fare dei film all'estero?

Fare come Jane Campion che, al di là di qualsiasi giudizio estetico possa essere espresso sui suoi film, riesce a lavorare fuori patria e a mantenere il controllo su quello che fa. In pratica ha talmente tanto successo che le danno i soldi per fare quello

che vuole e nel modo in cui desidera farlo.
Questa è una condizione ideale per un regista perché significa libertà assoluta. Per poter ottenere un tale livello di indipendenza però devi prima avere un'enorme successo a livello mondiale, vincere la Palma d'Oro a Cannes, un premio Oscar e poi se vuoi, come mi ha detto qualche giorno fa un funzionario della Polygram, ti danno i mezzi per fare un film anche sulla lista della spesa.

Comunque il tuo cinema è molto particolare e forse non funzionerebbe altrettanto bene in America nel senso che, nonostante i temi che affronti siano così universali, i tuoi film conservano sempre una distinta australianità alla quale, lavorando oltreoceano, forse saresti costretto a rinunciare...

Probabilmente è così. Quello che cerco di fare infatti è di combinare alcuni elementi chiave del cinema americano, come l'uso dello schermo panoramico e il design molto curato, con quella sensibilità filmica tipica del cinema australiano, che è molto vicina al gusto europeo.

Hai anche realizzato moltissimi video di grande successo...
Inizialmente l'ho fatto per pagare le bollette, perché dopo *Strikebound* ero rimasto senza soldi ed era proprio il periodo in cui il video cominciava ad affermarsi, con MTV e tutto il resto.
Così realizzai il video per il primo singolo degli Hunters & Collectors - Talking To A Stranger .

Fu un grande successo e, in un certo senso, ne rimasi sorpreso perché non avevo mai considerato questo tipo di arte visiva altro che un mezzo per sperimentare con la tecnica e la forma, come una possibilità di realizzare dei piccoli film sperimentali di tre o quattro minuti avendo a disposizione un sacco di soldi. Di lì a poco però c'è stata una vera e propria esplosione del fenomeno video, così o continuato a girarne per diversi anni.

Oltre alle grosse bands australiane come gli INXS hai anche realizzato diversi filmati per gli U2. Come li hai incontrati?

Avevano visto Strikebound in Inghilterra e mi hanno contattato loro. Siamo andati subito molto d'accordo.

In *Dogs In Space*, sia per il tema che tratta che per la scelta di Michael Hutchence come protagonista l'influenza della cultura dei video musicali si sente molto ...

Si, e l'influenza su quel film è molto evidente soprattutto nello stile e nella forma, oltre che nel percorso tematico per il quale ho attinto alla mia diretta esperienza del vivere a contatto con i gruppi punk dei miei amici, per i quali avevo realizzato i miei primi video.

Con Dogs In Space hai continuato, se vogliamo, ad esplorare la storia del tuo paese ma, rispetto a *Strikebound* ti stavi già distaccando un po' da quello che nei libri di critica viene definito il realismo sociale, introducendo degli elementi simbolici surreali, come la limousine bianca che si porta via la ragazza che muore. In *Say A Little Paryer* e nei film seguenti mi sembra che poi il tuo stile abbia preso una piega più minimalista. Chi consideri come punto di riferimento in questa tua svolta?

Ozu e molti degli indipendenti americani. Dopo *Dogs In Space* e durante la pre-produzione di *Say A Little Paryer* mi sono ritrovato a cercare di capire su che cos'era che costruivo i miei film. Non mi interessavano i grossi film d'azione sul modello americano. I miei film erano film intimisti, basati sui personaggi. In *Dogs In Space* ci sono un sacco di piani sequenza lunghissimi perché stavo esplorando le possibilità del punto di vista. In *Ghost Story* tutto ciò che volevo era concentrarmi sui primi piani e riprendere i visi, le espressioni dei personaggi.

Così, con i miei collaboratori più stretti, abbiamo guardato un sacco di film di Ozu, di Hal Hartley e di Jim Jarmush e ci siamo resi conto della bellezza che si può cogliere nella semplicità di una immagine statica e di quanto si possa esprimere con un unica inquadratura fissa, purchè se ne abbia il controllo.

Ed è una linea molto sottile quella che separa la capacità di produrre un qualcosa di ottuso, che alieni lo spettatore dal riuscire ad essere invece realmente comunicativi di uno stato d'animo o di un'idea.

Il mio obiettivo, da *Ghost Story* in poi, è stato quello di riuscire ad ottenere delle immagini che fossero fortemente espressive, senza però scivolare nell'artificiale.

Anche *He died with a felafel in his hand* (*E morì con un felafel in mano*), che è una commedia sulla convivenza tipo Dogs In Space ma nell'Australia di dieci anni dopo, seguirò un po' questo principio, con una storia come canovaccio sulla quale vengono ricamati diversi momenti di vita dei vari personaggi. Mi piace puntare più sulla caratterizzazione dei personaggi che non sulla spettacolarità delle riprese e sul punto di vista.

Cosa è cambiato nel cinema australiano dagli anni Ottanta ad oggi?

Molte cose. Soprattutto il fatto di aver cominciato a portare sul grande schermo la realtà contemporanea, con tutti i suoi lati positivi e negativi, e non solo il passato più o meno glorioso del nostro paese. Poi il fatto di non vergognarsi di fare un cinema in cui il dialogo occupi un posto di rilievo. Considera che fino a qualche tempo fa vigeva la norma che il cinema fosse fatto di
immagini e non di dialoghi, con la sola eccezione per quei film che erano dirette trasposizioni di pièce teatrali. Quindi mi sembra che l'accento sia stato spostato dalle vicende epiche ai personaggi, che adesso sono uomini comuni o stravaganti ma comunque individui unici e non stereotipi necessariamente rappresentativi di tutti gli uomini o di tutte le donne d'Australia.

IL CINEMA AUSTRALIANO

Che rischi corre secondo te il cinema australiano?

Il pericolo maggiore a questo punto è che, nel tentativo di assicurarsi il successo a livello internazionale, si produca un cinema per così dire "di formula", continuando a riproporre fino
alla nausea temi e stile di quei film che sono andati bene in precedenza.
Inseguire il successo al punto di dimenticarsi che a guidarti nella realizzazione di un film non dovrebbe essere una formula già sperimentata, ma la tua visione di artista: questo è secondo me il pericolo più grande per un filmaker e non solo per quelli australiani.

YAHOO SERIOUS

Attore, regista, sceneggiatore, produttore, montatore

Cos'è cambiato e cosa sta ancora cambiando secondo te nel cinema australiano?

La macchina pubblicitaria dietro a ciascun film e l'interesse dei media per qualsiasi cosa che possa fare rumore crea ciclicamente il mito di una *new wave* del cinema australiano. La verità è che noi filmmakers non siamo differenti dagli altri artisti ed abbiamo sempre fatto, e sempre faremo dei film su di noi e sulla nostra epoca.
I messaggi che il cinema invia al suo pubblico variano di poco. La tecnologia si evolve ma, l'arte prodotta dalle nuove generazioni è forse migliore?
Io dico che siamo uno specchio dei nostri tempi. Alcuni filmakers scelgono di raccontare la nostra tribù (cioè gli australiani), altri preferiscono storie internazionali, e altri ancora invece si vendono completamente ad Hollywood.

Questo era ciò che accadeva cinquanta anni fa, quindici anni fa e che continua e continuerà ad accadere.
Il fatto più importante, comunque, è che l'Australia ha prodotto il primo lungometraggio della storia - *The Story of the Kelly Gang* - e da allora ha sempre amato il cinema.

Sia con *Young Einstein* (*Einstein Junior*) che con *Reckless Kelly* tu hai in un certo senso attinto a storie e personaggi reali del passato per poi stravolgerle con sagace umorismo. Come mai?

Non ho pensato alla storia. Volevo soltanto fare film diversi da tutti quelli che erano stati fatti fino a quel momento sia in Australia che negli altri paesi. Lo abbiamo fatto e ci siamo divertiti e, cosa che non ci aspettavamo proprio, è stato il successo anche a livello internazionale. *Young Einstein* è stata per noi una piattaforma dalla quale poter osservare qualcuno che aveva osato essere diverso. Ho pensato che il rapporto che Einstein aveva avuto con la scienza, la musica, la fama, il suo stesso genio, la politica, il pacifismo, la bomba e la filosofia sarebbe stato un ottimo punto di partenza per raccontare la vita di un vero rivoluzionario.
Naturalmente se non vuoi essere scambiato per un sovversivo e desideri comunicare con il grande pubblico, l'unico modo di farlo è confezionare il messaggio all'interno di una commedia, e così abbiamo fatto. Cioè abbiamo spezzettato e giocato coi fatti storici per poter cogliere il vero spirito di

Einstein e celebrarne la grande eccentricità.
E quindi, chi meglio di Maria Curie per poter fare innamorare la "più grande mente" di tutti i tempi?
E chi meglio di Marconi per fare il DJ la sera del conferimento degli Oscar per la scienza nel 1906?

Come mai hai deciso di cominciare proprio con una commedia?

Inizialmente mi sono lasciato ispirare dalla vita eccentrica di Albert Einstein ma poi mi sono chiesto "perché trattare la cosa in modo convenzionale?" Van Gogh fu uno dei maggiori fallimenti commerciali del suo tempo e in vita non fu mai apprezzato come pittore solo perché non si adeguò mai ai canoni artistici dell'epoca e continuò ad esprimersi nel modo che riteneva più giusto.
Lo considero un grande esempio di coraggio e coerenza. Con *Young Einstein* desideravo fare qualcosa di analitico e divertente e che al tempo stesso riunisse insieme elementi della cultura pop come la musica rock, i cartoni animati e varie altre forme d'arte contemporanea.

In effetti ho notato che la figura di Marie Curie in *Young Einstein*, non è solo di contorno ma gioca un ruolo pari a quello del protagonista, e lo stesso dicasi per Robin Banks con Ned Kelly in *Rekless Kelly*, cosa veramente atipica nella commedia australiana che in passato, salvo rare eccezioni, era abbastanza maschilista...

Amo le donne e nelle mie sceneggiature esse ricoprono ruoli pari a quelli degli uomini. Detesto i ritratti femminili che ci propina il cinema hollywoodiano, in cui le donne sono solo degli accessori per l'eroe maschile.

Per gli standard australiani tu sembri avere a disposizione budget medio alti o addirittura alti, soprattutto dopo il successo del tuo primo film. Avere a disposizione mezzi maggiori rende la cosa più facile o più difficile?
In altre parole più soldi significano più o meno libertà?

Realizzare film a basso costo è definitivamente più facile perché le aspettative dei produttori, del pubblico e della critica sono minori. Se poi ti capita di essere il produttore, l'interprete
principale, lo sceneggiatore e il regista del film, come io ho stupidamente fatto, allora il carico di responsabilità e il numero di decisioni da prendere ad ogni istante è veramente ridicolo.
Lavorare "in piccolo" è molto più divertente, se però hai scritto un film epico allora sei obbligato ad aver a che fare con un esercito di persone.
Da un film di Yahoo Serious il pubblico si aspetta un tipo di divertimento particolare, di assistere ad una commedia eccentrica e imprevedibile ed io sono disposto a fare tutto ciò che è
necessario per non deluderlo.

Come mai hai scelto di fare tutto da solo? Nel senso

di scrivere, interpretare, produrre e dirigere i tutoi film?

Tutti i film sono il prodotto di collaborazioni. Magari io impongo la mia visione al resto della squadra, ma ne faccio comunque parte.
Trovarsi simultaneamente da entrambi le parti della macchina da presa è allo stesso tempo più facile e più difficile.
Sicuramente è più faticoso. E' più facile perché non devi perdere tempo in spiegazioni, ma è più difficile perché in ultima analisi la responsabilità del successo o del fallimento del film ricade tutta sulle tue spalle.
E' un'esperienza emozionante, esilarante ma anche terrificante. E quando il film è finito ti ritrovi ad essere questo
enorme bersaglio per i media, che ti amano e ti esaltano oppure tiodiano e ti danno addosso senza pietà.
La fama nel ventesimo secolo: una cosa molto interessante con la quale avere a che fare.

Cosa ti ha spinto a scegliere per *Young Einstein* un genere comico così ingenuo e coloratissimo, quasi da cartone animato?

Gli inizi della mia carriera artistica sono stati da pittore.
Mentre frequentavo la scuola d'arte mi colpirono però le teorie sull'arte di Duchamp. Mi resi conto che la pittura nella nostra epoca, è una forma d'arte

molto elitaria.

Io vengo da una famiglia poco abbiente.

I miei compagni di scuola non frequentavano le gallerie d'arte. Andavano al cinema. Quindi mi resi presto conto che era il cinema il veicolo più moderno attraverso il quale comunicare idee, sentimentie e sensazioni ad un più vasto pubblico, e che era il cinema la forma d'arte più complessa e completa dei nostri tempi. Riunisce in se la letteratura, la pittura, la musica, la fotografia, la recitazione, la grafica, la danza. Pensa ad un qualunque tipo di espressione artistica e vedrai che la ritrovi nel cinema.

I film sono l'espressione più diretta dell'umana esistenza, ed è per questo che sono così popolari. Quando ho deciso di fare il mio primo film, ero certo fin dall'inizio di non voler realizzare qualcosa di molto serio ed elitario, destinato ad un pubblico intellettuale di cinefili.

Volevo fare invece una commedia epica che fosse accessibile a vari livelli. Una specie di eccentrico miscuglio tra Lawrence d'Arabia e Bugs Bunny!

Amo far ridere la gente. Per me è molto più gratificante che riuscire a farla piangere. Considero molto seriamente il privilegio che ogni spettatore mi concede, dedicando novanta minuti della propria vita alla visione di un mio film. Per questo cerco di trasportarlo in un luogo magico e fuori dall'ordinario e lascio a qualcun altro il piacere di raccontare storie di due persone in preda all'ira, chiuse in una stanza.

La vita è breve ed è meglio riderci su il più possibile.

E cosa succede in Australia dopo che si è fatto un film che riscuote molto successo ed incassa tantissimo? Le cose si semplificano o diventano più difficili?

Alcune cose si semplificano ed altre si complicano. Il successo è un'arma a doppio taglio. Penso che qualsiasi artista, a modo suo, sia alla ricerca del significato della vita nella sua epoca.
Quando si realizza un film di successo è perché probabilmente si è riusciti a toccare una zona sensibile nell'animo del pubblico.
Non credo che i miei film ti facciano dimenticare la realtà. Al contrario, nonostante facciano ridere, sono uno specchio di quel che accade attorno a noi. E mi auguro che, senza troppe prediche, riescano a mettere in luce tutti i piccoli errori che commettiamo ogni giorno.
Ritengo che la commedia sia il genere più difficile e più complesso da realizzare sul grande schermo e sono pochissime le commedie che hanno ottenuto un Oscar.
Il vero premio però, secondo me, è quello di riuscire a toccare la mente e il cuore del tuo pubblico.

Tu hai lavorato sia in Australia che ad Hollywood. Com'è stato il passaggio? Hai dovuto accettare molti compromessi o ti hanno lasciato più o meno libero di fare quello che volevi, come fanno con i registi dei film dell'orrore?

Nel complesso lavorare ad Hollywood è stata

un'esperienza molto piacevole.
E' vero che si sentono delle storie orribili su come gli studios violentino i filmmakers e stravolgano i loro progetti, ma per noi non è stato così.

Ma qual'è la principale differenza tra il lavorare in Australia e il lavorare in America?

Beh, uno dei vantaggi di lavorare ad Hollywood consiste nel fatto che quella città produce perlopiù cinema. E' una vera e propria industria, attorno alla quale si raccoglie una mano d'opera molto specializzata e nell'ambito della quale è facile avere accesso a macchinari e tecnologie molto avanzati.
Ma nulla potrà mai rimpiazzare nel mio cuore l'esperienza del mio primo film, praticamente fatto in casa, lavorando con i miei amici e con mamma che ci faceva da mangiare.
Ad Hollywood nessuno cucina così bene!

ABOUT THE AUTHOR

Sandra Bordigoni

Scrittrice, sceneggiatrice, giornalista e critica cinematografica, Sandra Bordigoni è, dal 1992, uno dei corrispondenti del network australiano SBS.
Ha curato diverse rassegne cinematografiche ed ha pubblicato una lunga serie di articoli sul cinema australiano e neozelandese su alcune delle più importanti riviste del settore, in Italia e all'estero, oltre ad un centinaio di interviste ad attori, registi, sceneggiatori e produttori cinematografici di tutto il mondo.

DESIDERO RINGRAZIARE:

Peter Weir per tutti i racconti sull'Australia e sul cinema, per i suoi bellissimi film e per avermi incoraggiato a scrivere questo
libro.
Sue Murray, per l'aiuto e i materiali che mi ha fornito negli anni e per l'infinita pazienza ed il tempo trascorso a spiegami le regole del gioco dell'industria del cinema in Australia, e anche per i suoi buoni consigli e tutti i tè e i caffe'.

Ringrazio inoltre:

Loredana LaBella, Andrea Colasanti, Carlotta Belloni, Emily Stefania Coscione, Barbara Bozzi, Daniela Catelli, Danielle Cullen, Buno Di Marino, Pierpaolo Gandini, Marco Lucchi, Paolo Lughi, Jane Manning, Marina Misiti, Veronica Mona, Carolyn Rush, Edward Smith, Andrea Perego, Solveig Thorborg, Stephen Natanson, Maria Wetzel e Svetlana Kevral.

In ricordo di

Marina Caprioli, Tino Franco e Sergio Di Giorgi.

www.ingramcontent.com/pod-product-compliance
Lightning Source LLC
Chambersburg PA
CBHW031431210526
45464CB00005B/2149